यीशु दरवाजे पर:

40 हृदय विदारक कहानियाँ और आज के चर्चों के लिए स्वर्ग की अंतिम चेतावनी

द्वारा

जकारियास गॉडसीगल , कम्फर्ट लाडी ओग्बे , राजदूत सोमवार ओ. ओग्बे

Table of Contents

कॉपीराइट पृष्ठ

यीशु द्वार पर: 40 आज के चर्चों के लिए हृदय विदारक कहानियाँ और स्वर्ग की अंतिम चेतावनी

द्वारा प्रकाशित
जकारियास गॉडसीगल
के साथ साझेदारी में
गॉड्स ईगल मिनिस्ट्रीज़ (जीईएम)
वेबसाइट: www.otakada.org
ईमेल: info@otakada.org

कवर डिज़ाइन: GEM इन-हाउस टीम
आंतरिक स्वरूपण: GEM इन-हाउस टीम
संयुक्त राज्य अमेरिका में मुद्रित
प्रथम संस्करण: 2025

चर्च की कहानियों के पात्र या तो काल्पनिक होते हैं या वास्तविक घटनाओं से प्रेरित होते हैं, जिन्हें स्पष्टता, गोपनीयता या महत्व देने के लिए नाम, स्थान या परिस्थितियों के साथ पुनः वर्णित किया जाता है।

पुस्तक - यीशु द्वार पर - के बारे में :

क्या होगा यदि यीशु अब चर्च के अन्दर नहीं है - बल्कि बाहर से दस्तक दे रहा है?

इस साहसिक और भविष्यसूचक पुस्तक में, ***यीशु द्वार पर*** आज के वैश्विक चर्च के लिए एक जोरदार चेतावनी दी गई है। हर महाद्वीप से 40 **भावनात्मक, वास्तविक जीवन से प्रेरित कहानियों के माध्यम से,** ***ज़कारियास गॉडसीगल, कम्फर्ट लाडी ओगबे और राजदूत मंडे ओ. ओगबे ने*** चमकदार पुलपीटों और खचाखच भरी सीटों के पीछे छिपे संकट को उजागर किया: एक चर्च ***विचलित, असंबद्ध और मसीह के हृदय से बहुत दूर जा रहा है।***

अमेरिका के मेगाचर्च से लेकर इरीट्रिया में भूमिगत सभाओं तक, प्रत्येक कहानी अति-विकास, उथले धर्मांतरण, धार्मिक दिखावा और समझौतावादी शिष्यत्व के भ्रम को भेदती है। प्रकाशितवाक्य 2-3 की फटकार और लूका 10:38-42 और मत्ती 23:15 की तात्कालिकता पर आधारित, यह पुस्तक एक स्पष्ट, दिव्य पुकार को प्रतिध्वनित करती है:

"मैं यहाँ हूँ! मैं द्वार पर खड़ा हुआ खटखटाता हूँ..." (प्रकाशितवाक्य 3:20)

यह सिर्फ़ एक किताब नहीं है। यह एक बोझ है। एक खाका है। व्यक्तिगत और वैश्विक पुनरुत्थान को प्रज्वलित करने वाली एक धधकती मशाल।

चाहे आप पादरी हों, चर्च के नेता हों, शिष्य बनाने वाले हों, या प्रामाणिकता के भूखे साधक हों, ***द्वार पर यीशु*** आपकी आत्मा को

झकझोरेंगे, आपके हृदय को तोड़ेंगे, और आपको चुनने के लिए बुलाएंगे: **पुनः जागृति या अस्वीकृति।**

दस्तक बहुत ज़ोर से है। क्या तुम जवाब दोगे?

पेपरबैक विवरण

यीशु खटखटा रहे हैं... लेकिन क्या कोई जवाब दे रहा है?

चर्च की गतिविधियों, आध्यात्मिक मनोरंजन और धार्मिक प्रदर्शनों से भरी दुनिया में, यीशु की आवाज़ धीमी होती जा रही है। आज बहुत से चर्चों में सब कुछ है - भीड़, रोशनी, चढ़ावा, प्रसिद्धि - सिवाय उस व्यक्ति के जिसने यह सब शुरू किया।

***जीसस एट द डोर* सात महाद्वीपों से 40 वास्तविक दुनिया की कहानियों** का एक दिलचस्प संग्रह है , जो चर्च संस्कृति और स्वयं मसीह के बीच दर्दनाक अलगाव को उजागर करता है। नैरोबी से ह्यूस्टन तक, इरीट्रिया के गुप्त चर्चों से लेकर न्यूयॉर्क के मेगाचर्च स्टेज तक, प्रत्येक कहानी स्वर्ग की कच्ची पुकार लाती है:

"तुम जीवित कहलाते हो, पर तुम मरे हुए हो..."
—प्रकाशितवाक्य 3:1

प्रकाशितवाक्य 2-3 में दी गई अत्यावश्यक फटकार से प्रेरणा लेते हुए , यह पुस्तक **दर्पण और मानचित्र दोनों है** - यह आधुनिक कलीसिया की स्थिति को दर्शाती है, साथ ही अंतरंगता, सत्य और मौलिक शिष्यत्व की ओर वापस जाने का मार्ग भी दिखाती है।

पादरियों के लिए: मंच को शुद्ध करने का आह्वान।
नेताओं के लिए: भीड़ नहीं, शिष्य बनाने का आह्वान। विश्वासियों के लिए: अपने पहले प्यार की ओर लौटने का आह्वान। सताए गए लोगों के लिए: खुशी के साथ सहने का आह्वान।

यह सिर्फ़ एक किताब नहीं है। यह एक आग है।
क्या आप बहुत देर होने से पहले दरवाज़ा खोलेंगे?

के बारे में लेखक

जकारियास गॉडसीगल , **कम्फर्ट लाडी ओगबे और राजदूत मंडे ओ. ओगबे ,** जोशीले वैश्विक मंत्री और शिष्य हैं जो विश्वासियों को रोज़मर्रा की ज़िंदगी में यीशु के प्यार और शक्ति को जीने के लिए तैयार करने के लिए प्रतिबद्ध हैं। *गॉड्स ईगल मिनिस्ट्रीज़* और उनके प्लेटफ़ॉर्म www.otakada.org और www.wealthbeyondworryseries.com के ज़रिए , वे धर्म-आधारित संसाधनों के साथ राष्ट्रों तक पहुँचते हैं जो धर्मग्रंथ, कहानी और परिवर्तन की रणनीति को जोड़ते हैं।

जकारियास गॉडसीगल

राज्य जागरण के जुनून के साथ एक भविष्यवक्ता शिक्षक और मध्यस्थ, जकारियास गॉडसीगल अपनी साहसिक अंतर्दृष्टि और वैश्विक पुनरुद्धार के लिए गहरे बोझ के लिए जाने जाते हैं। प्रार्थना और पवित्रता में निहित एक आवाज के साथ, वह महाद्वीपों में

आध्यात्मिक नेताओं और भविष्यवक्ता आवाजों का मार्गदर्शन करते हैं। *जीसस एट द डोर के सह-लेखक के रूप में*, जकारियास आधुनिक चर्च की स्थिति के बारे में स्पष्टता लाते हैं और यीशु को एक बार फिर अपनी दुल्हन में सिंहासन पर बिठाने की पवित्र इच्छा रखते हैं।

"मेरा मिशन सरल है: प्रभु का मार्ग तैयार करना - जब तक कि चर्च पवित्र अग्नि से पुनः जल न जाए।"

आराम लाडी ओगबे

आराम लाडी ओगबे एक परामर्शदाता, प्रार्थना संयोजक और हृदय से एक सौम्य सुधारक हैं। उनकी पोषण करने वाली आवाज़ घायल विश्वासियों, विशेष रूप से आध्यात्मिक जलन से प्रभावित महिलाओं और परिवारों के जीवन में उपचार और गहराई की बात करती है। शिष्यत्व और आस्था निर्माण में वर्षों के अनुभव के साथ, वह यीशु के साथ घनिष्ठता के लिए इस पुस्तक के आह्वान में एक दयालु लेकिन सच्चाई से भरा लेंस लाती है। आराम कई लोगों के लिए एक आध्यात्मिक माँ के रूप में कार्य करता है, जो चर्च को सादगी, पवित्रता और प्रेम की ओर लौटने के लिए बुलाता है।

"सच्चा पुनरुद्धार हृदय में शुरू होता है - एक समय में एक समर्पित जीवन।"

राजदूत मंडे ओ. ओगबे

राजदूत मंडे ओ. ओगबे एक उपदेशक, भविष्यवक्ता, सुधारक और गॉड्स ईगल मिनिस्ट्रीज (जीईएम) और ओटाकाडा.ऑर्ग के संस्थापक हैं। अब वे राष्ट्रों के लिए आध्यात्मिक पहरेदार और

शिष्य-निर्माता के रूप में कार्य करते हैं। चर्च को जगाने और राज्य संरेखण को बहाल करने के आदेश के साथ, उन्होंने पुनरुद्धार, अंतरंगता और अंतिम समय के चर्च पर व्यापक रूप से लिखा है। *जीसस एट द डोर* उनके वैश्विक आदेश का हिस्सा है, ताकि चर्च को बहुत देर होने से पहले उसके पहले प्यार की ओर वापस बुलाया जा सके।

"यह सिर्फ़ एक किताब नहीं है - यह एक बोझ है। एक तुरही की आवाज़ । दरवाज़ा बंद होने से पहले एक अंतिम आह्वान।"

आपके लिए एक संदेश — पाठक

प्यारा,

यह एक किताब से कहीं ज़्यादा है। यह एक बोझ है - जो आँसू, प्रार्थना और आग में जन्मा है। अगर आपने इसे अब तक पढ़ा है, तो इसका मतलब है कि आप सतही ईसाई धर्म से संतुष्ट नहीं हैं। कुछ गहरा आपको बुला रहा है। वह कुछ... कोई है।

यीशु दरवाज़े पर है। और वह दस्तक दे रहा है। इमारतों के दरवाज़े पर नहीं - बल्कि दिलों के दरवाज़े पर। आपके दिल के दरवाज़े पर।

शायद इन कहानियों ने आपको उन क्षणों की याद दिला दी होगी जब आपने अंतरंगता के स्थान पर गतिविधि को प्राथमिकता दी थी... जब आपने मंत्रालय को रिश्ते के रूप में गलत समझा था... जब आपने शोर, संख्या या यहां तक कि महान कारणों को उद्धारकर्ता की शांत आवाज को डूबने दिया था।

हो सकता है कि चर्च ने आपको चोट पहुंचाई हो। धर्म से मोहभंग हो गया हो। या हो सकता है, मार्था की तरह, आप बस "बहुत सेवा करने में विचलित हो गए हों" (लूका 10:40), जबकि मरियम ने बैठकर "बेहतर हिस्सा" चुना (लूका 10:42)।

लेकिन सुसमाचार की सुन्दरता यही है: **वही यीशु जो डांटता है, वही यीशु है जो सुधारता है।**

वह आज अग्निमय आँखों और कृपामय हाथों के साथ खड़े हैं - आपको आमंत्रित करते हुए:

- अपने पहले प्यार की ओर लौटें।
- अंतरंगता की वेदी का पुनर्निर्माण करें।
- व्यर्थ की व्यस्तता का पश्चाताप करें।
- भक्ति की ज्योति पुनः प्रज्वलित करो।

वह आपको और अधिक करने के लिए नहीं बुला रहा है। वह आपको और करीब आने के लिए बुला रहा है।

चर्च को जागृत होना चाहिए - सिर्फ़ पुनरुत्थान का प्रचार करने के लिए नहीं, बल्कि इसे जीने के लिए भी।
आप सिर्फ़ एक पाठक नहीं हैं - आप एक अवशेष हैं। दुनिया देख रही है। स्वर्ग रिकॉर्ड कर रहा है। अनंत काल इंतज़ार कर रहा है।

"प्राण तक विश्वासयोग्य रह, तो मैं तुझे जीवन का मुकुट दूंगा।"
—प्रकाशितवाक्य 2:10

इसलिए उठो। फिर से जलो। वापस आओ।
दुनिया को यीशु को देखने दो - किसी मंच के ज़रिए नहीं, बल्कि शुद्ध किए गए लोगों के ज़रिए।

दरवाज़ा खोलो। उसे अंदर आने दो। और उसे फिर कभी बंद मत करो।

उसकी आग और प्यार में,
जकरियास गॉडसीगल
कम्फर्ट लाडी ओगबे
राजदूत सोमवार ओ. ओगबे

इस पुस्तक को कैसे पढ़ें

यह किताब यूं ही पढ़ने के लिए नहीं है।
यह एक **आध्यात्मिक यात्रा है** , एक **दर्पण** है, और **कार्रवाई का आह्वान है** ।
यीशु की आवाज़ के आमने-सामने लाने के लिए तैयार की गई है । यह सिर्फ़ चर्च में क्या हो रहा है, इसके बारे में नहीं है - यह आपके अंदर क्या हो रहा है, इसके बारे में है।
इस अनुभव का अधिकतम लाभ उठाने के लिए, हम निम्नलिखित अनुशंसा करते हैं:

1. प्रार्थनापूर्वक पढ़ें
प्रत्येक कहानी को एक छोटी प्रार्थना से शुरू करें:
"हे प्रभु, मेरी आँखें खोलो। मुझसे व्यक्तिगत रूप से बात करो। मुझे दिखाओ कि मैं कहाँ भटक गया हूँ। मुझे वापस अपने पास ले चलो।"
ये महज कहानियां नहीं हैं - ये **ईश्वरीय फुसफुसाहटें हैं** , जो कलीसिया को यीशु के हृदय की बात बताती हैं।

2. चिंतनपूर्वक पढ़ें
प्रत्येक कहानी के बाद, चिंतन के लिए समय निकालें:

- इस कहानी का कौन सा हिस्सा मेरे जीवन, मेरी कलीसिया या परमेश्वर के साथ मेरे चलने को प्रतिबिम्बित करता है?
- क्या मैंने उपस्थिति के स्थान पर प्रदर्शन को चुना है?
- यीशु मेरे जीवन में कहां दस्तक दे रहा है?

प्रत्येक अध्याय के अंत में एक **चिंतन संकेत** और **स्वर्ग की चेतावनी शामिल है। उन्हें जल्दी से जल्दी न छोड़ें। रुकें। सुनें। जर्नल लिखें।**

3. समुदाय में पढ़ें

यह पुस्तक निम्नलिखित के लिए आदर्श है:

- बाइबल अध्ययन समूह
- चर्च नेतृत्व टीमें
- युवा फ़ेलोशिप
- प्रार्थना रिट्रीट
- शिष्यत्व कक्षाएं

इसे 40-दिन की भक्ति या पुनरुद्धार श्रृंखला के रूप में उपयोग करें।
प्रत्येक कहानी को प्रतिदिन, प्रति सप्ताह पढ़ा जा सकता है, या गहन चर्चा और प्रार्थना सभाओं के लिए अनुकूलित किया जा सकता है।

4. सक्रिय रूप से प्रतिक्रिया दें

पुस्तक के अंत में आपको **कार्रवाई का आह्वान** , **पश्चाताप प्रार्थना** और **शिष्यत्व चुनौती मिलेगी** ।
सिर्फ पढ़ो मत - **कार्य करो** ।

- जहाँ विश्वास आता है, वहाँ स्वीकारोक्ति करें।
- जहाँ सत्य जलता है, वहाँ साझा करें।
- जहाँ यीशु दस्तक देता है, वहाँ बदलाव लाएँ।

5. यात्रा का जर्नल बनाएं

पास में एक नोटबुक रखें।
प्रत्येक कहानी के माध्यम से परमेश्वर क्या कह रहा है, उसे लिखें। अपनी प्रार्थनाओं, अपने पापों और अपने निर्णयों को दर्ज करें। यह केवल जानकारी के बारे में नहीं है - यह **परिवर्तन के बारे में है** ।

6. आग बाँटें

यदि यह पुस्तक आपको प्रभावित करती है, तो इसे आगे बढ़ाएँ।
इसे उपहार में दें। इसका प्रचार करें। इसे सिखाएँ।

अपनी कहानी साझा करें। पुनरुत्थान की ज्वाला को **अपने हृदय से अपने घर तक, और अपने चर्च से राष्ट्रों तक फैलने दें।**

"जिसके कान हों वह सुन ले कि आत्मा कलीसियाओं से क्या कहता है।"

—प्रकाशितवाक्य 2:7

यह मनोरंजन नहीं है।

यह एक दिव्य निमंत्रण है।

अपना दिल खोलो। पवित्र आत्मा को तुम्हारा मार्गदर्शन करने दो। और सबसे बढ़कर...

दस्तक का उत्तर दो।

समर्पण

वह जो अभी भी दरवाजे पर खड़ा है और दस्तक दे रहा है - यीशु मसीह, मेरा उद्धारकर्ता, मेरा राजा और मेरा पहला प्यार।

प्रत्येक **पादरी, नेता और विश्वासी** जो नियमितता से अधिक, प्रदर्शन से अधिक, धर्म से अधिक की इच्छा रखता है - यह आपके लिए है।

और राष्ट्रों में उभरती हुई **शेष कलीसिया के लिए - प्रार्थना में छिपी हुई, आग में परिष्कृत, प्रेम में दृढ़ - आप पृथ्वी पर स्वर्ग की आशा हैं।**

आप कभी भी उसकी उपस्थिति के आश्चर्य को न खोएं, न ही उसके आह्वान की तात्कालिकता को।

पावती

मैं बहुत कृतज्ञता के साथ पवित्र आत्मा को स्वीकार करता हूँ, जिसके बोझ ने इस संदेश को जन्म दिया और जिसकी उपस्थिति ने लिखे गए हर शब्द को बनाए रखा। आप जो हमें दोषी ठहराते हैं, सलाह देते हैं और हमें दिलासा देते हैं - यह हमारे हाथों के माध्यम से आपका काम है।

गॉड्स ईगल मिनिस्ट्रीज़ (जीईएम) में हमारे परिवारों और मंत्रालय सहयोगियों के लिए - आपके विश्वास, प्रोत्साहन और बलिदान ने इस कार्य को संभव बनाया।

मसीह के वैश्विक निकाय के लिए - विशेष रूप से भूमिगत चर्च, सताए गए संतों, गुमनामी में प्रार्थना करने वाले कुछ वफादार लोगों के लिए - आप इस पुस्तक के सच्चे नायक हैं।

उन पादरियों और मार्गदर्शकों को धन्यवाद जिन्होंने मुझे केवल परम्पराओं पर नहीं, बल्कि सत्य पर चलने की चुनौती दी - मनुष्यों के समक्ष मसीह का आदर्श प्रस्तुत करने के लिए।

हर उस आत्मा को धन्यवाद जिसने अपनी कहानी सीधे या परोक्ष रूप से साझा की। आपके दर्द, ईमानदारी और ईश्वर के लिए आपकी भूख ने दुनिया भर में पुनरुत्थान की पुकार को हवा दी है।

और हर पाठक को - अपना दिल खोलने के लिए धन्यवाद। आपके हाथ काम करने के लिए तैयार रहें, आपके घुटने झुकने के लिए तैयार रहें, और आपका दरवाज़ा यीशु के लिए खुला रहे।

परिचय

यीशु द्वार पर हैं - परन्तु कई कलीसियाएं अब उनकी दस्तक नहीं सुनतीं।

शोर, संख्या और बदनामी से प्रेरित पीढ़ी में, वैश्विक चर्च एक चौराहे पर खड़ा है। हमने भव्य मंच बनाए हैं, अखाड़े भरे हैं, और वायरल प्रासंगिकता का पीछा किया है - फिर भी एक चीज़ खो दी है जिसे यीशु ने "बेहतर" कहा था: उसके चरणों में अंतरंगता।

यीशु द्वार पर: 40 हृदय विदारक कहानियाँ और आज के चर्चों के लिए स्वर्ग की अंतिम चेतावनी एक किताब से कहीं बढ़कर है। यह मसीह के हृदय से उसकी विचलित दुल्हन के लिए एक भविष्यवाणीपूर्ण पुकार है। प्रकाशितवाक्य 3:20 से प्रेरित और प्रकाशितवाक्य 2-3 में चर्चों को यीशु की फटकार में निहित, यह पुस्तक **40 गहरी मार्मिक, महाद्वीप-व्यापी कहानियों को एक साथ लाती है** जो आज की चर्च संस्कृति के भीतर मौन क्षरण को उजागर करती हैं।
लागोस से लॉस एंजिल्स, नैरोबी से न्यूयॉर्क, सैंटियागो से साइबेरिया, अस्मारा से अंटार्कटिका तक - प्रत्येक कहानी एक शक्तिशाली 5-भागीय संरचना का अनुसरण करती है:

- **भ्रम** : जहाँ सांसारिक सफलता आध्यात्मिक पतन को छुपाती है
- **दस्तक** : जहाँ यीशु समझौता का सामना करता है
- **संकट** : जहां मुखौटा टूट जाता है और सच्चाई सामने आ जाती है
- **अवशेष** : जहां कुछ लोग पश्चाताप और भूख के साथ प्रतिक्रिया करते हैं

- **स्वर्ग की चेतावनी** : जहाँ परिवर्तन का आह्वान तत्काल कार्रवाई की मांग करता है

ये काल्पनिक नहीं हैं। ये दर्पण हैं। ये अत्यधिक काम के बोझ से दबे पादरियों की थकान, उथले सुसमाचार प्रचार के घाव, कमज़ोर लोगों का शोषण, प्रदर्शन-संचालित आस्था की घुटन और चर्च के मूल को शुद्ध करने और परखने वाले उत्पीड़न को दर्शाते हैं।
हम **मार्था को देखते हैं** - व्यस्त लेकिन विमुख। हम **यीशु की फटकार सुनते हैं** :
"तू ने अपना पहला सा प्रेम त्याग दिया है।" (प्रकाशितवाक्य 2:4)
हम **फरीसियों को देखते हैं** , जो लोगों को केवल विधिवाद की ओर मोड़ते हैं।

हम यीशु को चिल्लाते हुए सुनते हैं:
"हाय तुझ पर... तू उन्हें दुगना नरक का बच्चा बनाता है।" (मत्ती 23:15)
हम लौदीकिया की
गुनगुनाहट महसूस करते हैं। हम इस बात को समझते हैं कि यह ज़रूरी है: "पश्चाताप कर... नहीं तो मैं तेरा दीवट हटा दूँगा।" (प्रकाशितवाक्य 2:5)
फिर भी, हर टूटी हुई व्यवस्था के बीच से कुछ **लोग उभर कर आते हैं** - वफ़ादार, उत्साही और पवित्र अग्नि से भरे हुए।

यह पुस्तक निम्नलिखित के लिए है:

- **पादरी** सुर्खियों से परे सार्थकता की खोज में
- सतही विश्वास से थक गए **नेता**
- **विश्वासी** यीशु को गहराई से और प्रतिदिन अनुभव करने की इच्छा रखते हैं

- **सताए गए संत** जिन्हें धीरज और आशा के वचन की आवश्यकता है

प्रत्येक कहानी एक ज्वाला है। साथ में, वे एक भट्टी हैं जो चर्च को पश्चाताप, सुधार और पुनरुद्धार के लिए बुला रही हैं।

कार्यवाई के लिए बुलावा

"देख, मैं द्वार पर खड़ा हुआ खटखटाता हूँ..." — प्रकाशितवाक्य 3:20

पादरीगण , समझौता के उपदेश-मंच को शुद्ध करें और पवित्र अग्नि से उपदेश दें।

नेताओ , गहराई में लौटो—शिष्य बनो, सिर्फ इकट्ठा मत हो जाओ।

विश्वासियों , भूख से प्रार्थना करो, निस्वार्थ भाव से प्रेम करो, और सत्य से जलो।

पीड़ित संतों , वफादार बने रहो - तुम्हारा मुकुट इंतज़ार कर रहा है। ये 40 कहानियाँ आपके लिए **नारा हैं** - उपवास करें। पश्चाताप करें। प्रचार करें। चमकें।

बेहतर भाग को चुनें। यीशु को चुनें।
अब दरवाज़ा खोलो।
पुनरुत्थान की शुरुआत तुमसे हो।

कहानी 1: अफ्रीका - अति-विकास अंधापन - महत्वाकांक्षा की वेदी

*धर्मशास्त्र: **लूका 10:38-41, प्रकाशितवाक्य 2:4-5, मत्ती 23:15***

1. भ्रम

नाइजीरिया के लागोस में, किंगडम हाउस चर्च 10,000 सीटों वाले गुंबद से जगमगा रहा था। पादरी जॉन ओकोरो, 45 वर्षीय, पूरे शहर में होर्डिंग लगाकर, जोश के साथ विकास का प्रचार कर रहे थे। एक तंबू से लेकर मीडिया साम्राज्य तक, चर्च ने धर्मयुद्ध, लाइवस्ट्रीम और सम्मेलनों की मेजबानी की। #KingdomRising ट्रेंड हुआ, जिसमें हज़ारों लोग शामिल हुए। जॉन का नारा, "महिमा के लिए निर्माण करें," जयकारों में गूंज उठा। लेकिन चर्च ने पवित्रता की बजाय संख्या-सीटें, चढ़ावा, प्रसिद्धि-का पीछा किया। नेताओं ने परिवारों की उपेक्षा की, मंत्रालय को प्राथमिकता दी। लूका 10:40 में मार्था की तरह, किंगडम हाउस "बहुत सेवा करने में व्यस्त" था, महत्वाकांक्षा की एक वेदी खड़ी कर रहा था जबकि यीशु इसके स्टील के दरवाज़ों पर दस्तक दे रहा था, उसकी पुकार गर्जना में खो गई।

2. द नॉक

एक भरे हुए पुनरुद्धार के दौरान, मर्सी नाम की एक डीकनेस खड़ी थी। "प्रकाशितवाक्य 3:1 कहता है, 'तुम जीवित होने की प्रतिष्ठा रखते हो, लेकिन तुम मर चुके हो,'" उसने चेतावनी दी। "यीशु दस्तक दे रहा है, लेकिन तुम सफलता के लिए आत्माओं का बलिदान कर रहे हो!" जॉन

भड़क गया, लेकिन उसके शब्द - उसकी पत्नी का नाम - चुभ गए। उस रात, उसने ल्यूक 10:38-41 पढ़ा, "एक बात ज़रूरी है" के द्वारा दृढ़ विश्वास करते हुए। चर्च का उन्माद - घटनाएँ, मीट्रिक, तालियाँ - मार्था के व्याकुलता को दर्शाता था। यीशु अंतरंगता चाहता था, लेकिन महत्वाकांक्षा ने दरवाज़ा बंद कर दिया। मर्सी की चेतावनी, उसकी पत्नी की मूक दलीलों को प्रतिध्वनित करते हुए, जॉन को उद्धारकर्ता की दस्तक सुनने के लिए प्रेरित करती है।

3. **संकट**

एक घोटाला सामने आया: जॉन की अनुपस्थिति के कारण उसका परिवार टूट गया, जिसका सार्वजनिक रूप से खुलासा हुआ। #KingdomFalling ट्रेंड हुआ; भीड़ कम हो गई। नेताओं ने मीडिया में इसे ठीक करने की कोशिश की, लेकिन मर्सी के शब्द - मैथ्यू 23:15 का "घृणित उजाड़" - जॉन को परेशान कर रहा था। वह चर्च शेड में एक प्रार्थना समूह में गया, जिसका नेतृत्व ड्राइवर टुंडे कर रहा था। उनकी कच्ची पूजा ने किंगडम हाउस के खोखलेपन को उजागर किया। जॉन ने सच्चाई देखी: अति-विकास ने एक मृत चर्च को जन्म दिया था, इसकी प्रतिष्ठा एक दिखावा थी (प्रकाशितवाक्य 3:1), परिवारों और धर्मों के टूटने के कारण न्याय को आमंत्रित किया।

4. **अवशेष**

जॉन ने एक खेत में पश्चाताप सेवा का आह्वान किया। "हमने यीशु को खो दिया है," उसने 1,500 लोगों के सामने कबूल किया जो वहीं रुके

थे। उसने सम्मेलनों को छोड़ दिया, शिष्यत्व और परिवार को प्राथमिकता दी। बचे हुए लोगों-टुंडे, मर्सी और अन्य लोगों ने प्रकाशितवाक्य 3:2 का अध्ययन किया: "जो बचा है उसे मजबूत करो।" लूका 10:42 ने उनका मार्गदर्शन किया: "बेहतर भाग।" उन्होंने जोड़ों को सलाह दी, गरीबों की सेवा की। एक टूटे हुए परिवार ने सुलह की; एक युवा ने उद्देश्य पाया। बचे हुए लोगों ने अंतरंगता को चुना, यीशु की उपस्थिति का द्वार खोला।

5. स्वर्ग की चेतावनी

किंगडम हाउस का पतन अति-विकासशील चर्चों को चेतावनी देता है: महत्वाकांक्षा धोखा देती है। प्रकाशितवाक्य 3:1 मृत प्रतिष्ठा को उजागर करता है। मैथ्यू 23:15 खाली वेदियों के लिए उजाड़ की भविष्यवाणी करता है। क्या आप महिमा का पीछा करेंगे या मसीह का? बचे हुए लोग रास्ता दिखाते हैं: विनम्र, समर्पित, समर्पित। पादरी, परिवार को प्राथमिकता दें; नेता, गहराई से शिष्य बनें; विश्वासियों, यीशु की तलाश करें। अभी उसके लिए दरवाजा खोलें, नहीं तो आपका दीया गिर जाएगा। आज ही कार्य करें - समय क्षणभंगुर है!

कहानी 2: अफ्रीका - शिष्यत्व के शॉर्टकट - अनगिनत फ़सल

पवित्रशास्त्र: लूका 10:38-41, प्रकाशितवाक्य 2:4-5, मत्ती 23:15

1. भ्रम

नैरोबी, केन्या में, ग्लोरी पाथ चर्च में 5,000 सदस्य हो गए। पादरी

एस्तेर, एक 42 वर्षीय प्रचारक, ने तत्काल मोक्ष का प्रचार किया, वेदी-आह्वान धर्मयुद्ध की मेजबानी की। छात्रा अनीता की तरह सैकड़ों लोग साप्ताहिक रूप से आगे बढ़े, उनके "धर्मांतरण" की गिनती की गई। #ग्लोरीसेव्ड ट्रेंड हुआ, जिसने नियॉन-लाइट हॉल को "विश्वास उपवास" वादों से भर दिया। लेकिन धर्मांतरित लोग गायब हो गए, बिना किसी मार्गदर्शन के; नेताओं ने पोषण की बजाय संख्या का पीछा किया। ल्यूक 10:40 में मार्था की तरह, ग्लोरी पाथ "बहुत सेवा करने से विचलित हो गया", उथले बीज बोते हुए जबकि यीशु ने इसके कांच के दरवाजों पर दस्तक दी, उनकी पुकार तालियों से डूब गई।

2. दस्तक

कैंपस के पुनरुद्धार में, रूथ नामक एक गुरु खड़ी थी। "प्रकाशितवाक्य 3:15 कहता है, 'तुम गुनगुने हो,'" उसने चेतावनी दी। "यीशु दस्तक दे रहा है, लेकिन तुम्हारे शॉर्टकट उसे बाहर कर देते हैं!" एस्तेर ने उपहास किया, लेकिन रूथ के शब्द उसे प्रभावित करते हैं। उस रात, एस्तेर ने ल्यूक 10:38-41 पढ़ा, "एक बात ज़रूरी है" के विश्वास के साथ। ग्लोरी पाथ की तेज़ वेदी कॉल ने शिष्यत्व को छोड़ दिया, देखभाल पर गिनती का जश्न मनाया। यीशु ने गहराई की पेशकश की, लेकिन जल्दबाजी ने दरवाज़ा बंद कर दिया। रूथ की चेतावनी गूंज उठी, एस्तेर को उद्धारकर्ता की दस्तक सुनने के लिए प्रेरित किया।

3. संकट

अनिता, एक लुप्त हो चुकी धर्मांतरित महिला द्वारा लिखे गए ब्लॉग पोस्ट ने उपेक्षा को उजागर किया: किसी ने भी उसे आघात के दौरान शिष्य नहीं बनाया। #ग्लोरीफेल ट्रेंड हुआ; सदस्य चले गए। एस्तेर की टीम ने एक पीआर फिक्स की योजना बनाई, लेकिन रूथ के शब्द - मैथ्यू 23:15 की वीरानी - ने उसे परेशान कर दिया। वह एक छात्रावास में बाइबल अध्ययन में शामिल हुई, जिसका नेतृत्व एक छात्रा मैरी कर

रही थी। उनके गहरे विश्वास ने ग्लोरी पाथ की उथल-पुथल को उजागर किया। एस्तेर ने सच्चाई देखी: शॉर्टकट ने एक गुनगुनी फसल को जन्म दिया था, अस्वीकृति का जोखिम (प्रकाशितवाक्य 3:16), इसकी आत्माएँ भगवान के सामने बेशुमार थीं।

4. बचे हुए

एस्तेर ने एक पार्क में एक स्वीकारोक्ति की। उसने 1,000 लोगों से कहा, "हमने यीशु को निराश किया है।" उसने त्वरित वेदी कॉल की जगह पर मार्गदर्शन शुरू किया। बचे हुए लोगों - मैरी, रूथ और अन्य लोगों ने ल्यूक 10:42 के "बेहतर हिस्से" को अपनाया, सावधानी से अनुशासन दिया। उन्होंने युवाओं को सलाह दी, भरोसा बहाल किया। अनीता वापस लौटी, उसे उपचार मिला; एक किशोर ने आउटरीच का नेतृत्व किया। बचे हुए लोगों ने गहरी जड़ें जमा लीं, यीशु की सच्चाई के लिए दरवाजा खोल दिया।

5. स्वर्ग की चेतावनी

महिमा पथ का पतन चर्चों को शॉर्टकट लेने की चेतावनी देता है: गुनगुना विश्वास अस्वीकृति को आमंत्रित करता है (प्रकाशितवाक्य 3:16)। मैथ्यू 23:15 अनगिनत फसलों के लिए विनाश की भविष्यवाणी करता है। क्या आप गिनती करेंगे या सिखाएंगे? बचे हुए लोग रास्ता दिखाते हैं: धैर्यवान, पालन-पोषण करने वाले, समर्पित। पादरी, लगन से शिष्य बनो; नेता, गहराई से परवाह करो; विश्वासियों, जड़ें जमाओ। यीशु की गहराई के लिए अभी दरवाजा खोलो, नहीं तो तुम्हारी आत्माएँ मुरझा जाएँगी। आज ही कार्य करो - समय बहुत ज़रूरी है!

कहानी 3: अफ्रीका - पुनरुद्धार भ्रष्टाचार - वह भेंट जो टूट गई

धर्मशास्त्र : ***लूका** 10:38-41, **प्रकाशितवाक्य** 2:4-5, **मत्ती** 23:15*

1. भ्रम

अकरा, घाना में, धन्य आशा चर्च एक नए गिरजाघर के साथ ऊंचा हो गया। पादरी क्वामे, एक 50 वर्षीय टेलीवेंजलिस्ट, ने समृद्धि का प्रचार किया, दिव्य बदलाव के लिए "इसहाक प्रसाद" का आग्रह किया। मामा बीट्राइस जैसी विधवाओं ने भूमि दान की, जिससे #BlessedRise अभियान को बढ़ावा मिला। भीड़ ने नृत्य किया, चमत्कार के लिए बीज बोए। लेकिन चढ़ावे ने क्वामे की विलासिता को वित्तपोषित किया; गरीबों को भुला दिया गया। ल्यूक 10:40 में मार्था की तरह, धन्य आशा "बहुत सेवा करने में विचलित थी", पुनरुद्धार की चमक का पीछा करते हुए जबकि यीशु ने इसके संगमरमर के दरवाजों पर दस्तक दी, उनका आह्वान उत्साह में खो गया।

2. दस्तक

एक धन उगाही रैली में, ग्रेस नामक एक बुजुर्ग खड़ी थी। "प्रकाशितवाक्य 2:4 कहता है, 'तुमने अपना पहला प्यार त्याग दिया है,'" उसने चेतावनी दी। "यीशु दस्तक दे रहा है, लेकिन तुम उसकी भेड़ों का शोषण करते हो!" क्वामे ने सुरक्षा का संकेत दिया, लेकिन उसके शब्द चुभ गए। उस रात, उसने ल्यूक 10:38-41 पढ़ा, "एक बात ज़रूरी है" के विश्वास के साथ। धन्य आशा के शुरुआती दिन - प्रार्थना, देखभाल - लालच के लिए फीके पड़ गए थे। यीशु ने न्याय की मांग की, लेकिन भ्रष्टाचार ने दरवाज़ा बंद कर दिया। ग्रेस की चेतावनी गूंज उठी, क्वामे को उद्धारकर्ता की दस्तक सुनने के लिए प्रेरित किया।

3. संकट

एक खुलासे ने मामा बीट्राइस को सब कुछ देने के बाद बेदखल कर दिया; दान ने नेताओं को समृद्ध किया। #BlessedScam ट्रेंड हुआ; गिरजाघर खाली हो गया। क्वामे की टीम ने मीडिया में इसे ठीक करने की कोशिश की, लेकिन ग्रेस के शब्दों - मैथ्यू 23:15 की बर्बादी - ने उसे परेशान कर दिया। वह एक व्यापारी कोफी के नेतृत्व में एक बाजार में प्रार्थना समूह में शामिल हो गया। उनकी कच्ची पूजा ने धन्य आशा के भ्रष्टाचार को उजागर किया। क्वामे ने सच्चाई देखी: लालच ने चर्च के प्यार को खत्म कर दिया था, न्याय को आमंत्रित किया (प्रकाशितवाक्य 2:5), इसके चढ़ावे भगवान के सामने टूट गए।

4. बचे हुए

क्वामे ने एक खेत में पश्चाताप सेवा आयोजित की। "हमने यीशु को लूटा है," वह 1,200 लोगों के सामने रोया जो वहाँ आए थे। उसने संपत्ति बेचकर गरीबों की सहायता की। बचे हुए लोगों - कोफी, ग्रेस और अन्य - ने प्रकाशितवाक्य 2:5 का अध्ययन किया, और पहले प्यार की ओर लौट आए। लूका 10:42 ने उन्हें निर्देशित किया: "बेहतर हिस्सा।" उन्होंने मामा बीट्राइस को आश्रय दिया, भरोसा बहाल किया। एक विधवा को आशा मिली; एक युवा ने पुनरुत्थान का नेतृत्व किया। बचे हुए लोगों ने विश्वास को फिर से जगाया, यीशु की उपस्थिति का द्वार खोला।

5. स्वर्ग की चेतावनी

धन्य आशा का पतन पुनरुत्थान चर्चों को चेतावनी देता है: लालच विश्वास को बुझा देता है। प्रकाशितवाक्य 2:5 आग्रह करता है, "पश्चाताप करो और वही काम करो जो तुमने पहले किए थे।" मैथ्यू 23:15 भ्रष्ट भेंटों के लिए विनाश की भविष्यवाणी करता है। क्या आप शोषण करेंगे या उत्थान करेंगे? बचे हुए लोग रास्ता दिखाते हैं: न्यायी,

शुद्ध, समर्पित। पादरी, बुद्धिमानी से काम करें; नेता, कमज़ोरों की रक्षा करें; विश्वासियों, विनम्रता से दान करें। अभी यीशु के लिए दरवाज़ा खोलें, नहीं तो आपकी आग बुझ जाएगी। आज ही कार्य करें - न्याय निकट है!

कहानी 4: उत्तरी अमेरिका - साधक-अनुकूल समझौता - पोषण के बिना शोर

*धर्मशास्त्र : **लूका** 10:38-41, **प्रकाशितवाक्य** 3:15-16, **मत्ती** 23:15*

1. भ्रम

ह्यूस्टन, टेक्सास में, रेडिएंट लाइफ चर्च ने 7,000 सीटों वाले थिएटर को भर दिया। पादरी सारा, एक 38 वर्षीय वायरल व्लॉग के साथ, पाप के डंक से बचते हुए, अच्छाई की भावना का प्रचार करती थी। चर्च के ऐप ने "स्वास्थ्य भक्ति" की पेशकश की, और इसके कैफे ने रिट्रीट की मेजबानी की। #रेडिएंटवाइब ट्रेंड हुआ, जिसने रूथ जैसे युवाओं को आकर्षित किया, जो एक व्यस्त स्वयंसेवक है। सारा की टैगलाइन, "लिव योर लाइट," ने लोगों को भर दिया। लेकिन सच्चाई को नरम कर दिया गया; ईश्वर के साथ अंतरंगता को दरकिनार कर दिया गया। ल्यूक 10:40 में मार्था की तरह, रेडिएंट लाइफ "बहुत सेवा करने से विचलित" थी, साधकों के लिए गुलजार थी जबकि यीशु इसके चिकने दरवाजों पर दस्तक दे रहे थे, उनका आह्वान शोर में खो गया।

2. दस्तक

एक "वाइब" सेवा में, क्लारा नामक एक नर्स खड़ी थी। "प्रकाशितवाक्य 3:15 कहता है, 'तुम गुनगुने हो,'" उसने चेतावनी दी। "यीशु दस्तक दे रहा है, लेकिन तुम्हारी व्यस्तता उसे बाहर रखती है!" सारा ने उपहास किया, लेकिन क्लारा के शब्द उसे प्रभावित कर गए। उस रात, सारा ने ल्यूक 10:38-41 पढ़ा, "एक बात ज़रूरी है" के विश्वास के साथ। रेडिएंट लाइफ़ की गतिविधियाँ - गायन, कार्यक्रम, चैट - गहराई की कमी थी, सच्चाई की बजाय अपील का पीछा कर रही थीं। यीशु ने पोषण की पेशकश की, लेकिन समझौता ने दरवाज़ा बंद

कर दिया। क्लारा की चेतावनी गूंज उठी, सारा को उद्धारकर्ता की दस्तक सुनने के लिए प्रेरित किया।

3. संकट

रूथ के बर्नआउट से मंच पर गिर जाने से आक्रोश भड़क उठा; सतही शिक्षा ने सदस्यों को खाली कर दिया। #रेडिएंटफेल ट्रेंड हुआ; भीड़ चली गई। सारा की टीम ने रीब्रांड की योजना बनाई, लेकिन क्लारा के शब्द - मैथ्यू 23:15 की वीरानी - उसे परेशान करती रही। वह एक चैपल में एक प्रार्थना समूह में शामिल हुई, जिसका नेतृत्व एक बरिस्ता, जोएल कर रहा था। उनकी शांत पूजा ने रेडिएंट लाइफ के खोखलेपन को उजागर किया। सारा ने सच्चाई देखी: साधक-अनुकूल व्यस्तता ने एक गुनगुने चर्च को जन्म दिया था, जो अस्वीकृति का जोखिम उठा रहा था (प्रकाशितवाक्य 3:16), इसका शोर पोषण से रहित था।

4. बचे हुए लोगों ने

साराह को एक पार्क में स्वीकारोक्ति दी। उसने 1,000 लोगों से कहा, "हमने यीशु को खो दिया है।" उसने सतही कार्यक्रमों को बंद कर दिया, और परमेश्वर के साथ घनिष्ठता की शिक्षा दी। बचे हुए लोगों- जोएल, क्लारा, रूथ और अन्य लोगों ने लूका 10:42 के "बेहतर हिस्से" को अपनाया, और गहराई से प्रार्थना की। उन्होंने समुदायों की सेवा की, विश्वास को बहाल किया। रूथ को आराम मिला; एक संशयवादी ने मसीह को पाया। बचे हुए लोगों ने परमेश्वर के साथ चमक दिखाई, जिससे यीशु की उपस्थिति का द्वार खुल गया।

5. स्वर्ग की चेतावनी

रेडियंट लाइफ का पतन साधक-अनुकूल चर्चों को चेतावनी देता है: व्यस्तता गुनगुनापन पैदा करती है (प्रकाशितवाक्य 3:16)। मैथ्यू 23:15 खाली शोर के लिए उजाड़ की भविष्यवाणी करता है। क्या आप उत्साह

या जीत का पीछा करेंगे? बचे हुए लोग रास्ता दिखाते हैं: सत्यनिष्ठ, शांत, समर्पित। पादरी, गहराई का उपदेश देते हैं; नेता, आत्मीयता का उदाहरण देते हैं; विश्वासियों, मौन की तलाश करते हैं। यीशु की सच्चाई के लिए अभी दरवाजा खोलें, या बाहर थूक दिए जाएँ। आज ही कार्य करें - समय महत्वपूर्ण है!

कहानी 5 : उत्तरी अमेरिका - हाइपर-ग्रोथ ब्लाइंडनेस - द मेगाचर्च मिराज

पवित्रशास्त्रः लूका 10:38-41, प्रकाशितवाक्य 3:1-3

1. भ्रम

डलास, टेक्सास के दिल में, न्यू होराइज़न चर्च एक प्रकाश स्तंभ की तरह चमक रहा था। इसकी 20,000 सीटों वाली पवित्र जगह रोशनी, लाइव बैंड और स्टारबक्स को टक्कर देने वाली एक कॉफ़ी शॉप से जगमगा रही थी। 40 वर्षीय करिश्माई पादरी रयान, जिनकी एक बेस्टसेलिंग किताब है, ने एक ऐसी मंडली का नेतृत्व किया जिसने सीटों को खचाखच भर दिया और लाखों लोगों के लिए सेवाओं को स्ट्रीम किया। चर्च ने सामुदायिक कार्यक्रमों, वैश्विक मिशनों और वीआर बाइबिल अध्ययनों के साथ एक युवा विंग का दावा किया। उपस्थिति बढ़ गई, दान की बाढ़ आ गई और सोशल मीडिया #NewHorizonVibes से गुलजार हो गया। रयान ने समृद्धि और उद्देश्य का उपदेश दिया, उनकी आवाज़ एक अत्याधुनिक साउंड सिस्टम के माध्यम से गूंज रही थी। "हम यीशु के लिए दुनिया बदल रहे हैं!" उन्होंने साप्ताहिक घोषणा की, जैसे ही तालियों ने संदेह को दबा दिया। फिर भी, पॉलिश की गई सतह के नीचे, सदस्य एक कार्यक्रम से दूसरे कार्यक्रम में भागते रहे, उनके कार्यक्रम व्यस्त थे लेकिन उनकी आत्माएँ सूख रही थीं। लूका 10:40 में मार्था की तरह, वे “बहुत सेवा करने में उलझे हुए” थे, इस बात से अनजान कि यीशु उनके चमचमाते दरवाज़ों के बाहर खड़ा था।

2. द नॉक

एक रविवार को एक अजनबी पीछे की पंक्ति में आ गया। फटे-पुराने कपड़े पहने हुए, उसने एक फटी हुई बाइबिल ले रखी थी। खुली प्रार्थना के दौरान, वह खड़ी थी, उसकी आवाज़ कांप रही थी लेकिन स्पष्ट थी: "प्रकाशितवाक्य 3:1 कहता है, 'तुम जीवित होने की प्रतिष्ठा रखते हो, लेकिन तुम मर चुके हो।' यीशु दस्तक दे रहे हैं, लेकिन तुम उन्हें सुनने में बहुत व्यस्त हो।" मण्डली असहज हो गई; रयान ने कसकर मुस्कराते हुए, उसे बाहर ले जाने के लिए सहायकों को संकेत दिया। लेकिन उसके शब्द रयान के दिल में चुभते रहे। उस रात, नींद न आने पर, उसने अपनी बाइबिल खोलकर ल्यूक 10:38-41 पढ़ा। मार्था को यीशु के शब्द चुभ गए: "तुम बहुत सी बातों के बारे में चिंतित और परेशान हो, लेकिन एक बात ज़रूरी है।" रयान ने अपने चर्च के उन्माद को देखा - घटनाएँ, मीट्रिक, पसंद - मार्था के व्याकुलता को दर्शाते हुए। यीशु दरवाजे पर थे, लेकिन न्यू होराइज़न इतना तेज़ था कि उसे ध्यान नहीं आया।

3. संकट

अगले हफ़्ते, एक घोटाला सामने आया। एक ऑडिट में कुप्रबंधित निधियों का पता चला: लाखों डॉलर मार्केटिंग और रयान की व्यक्तिगत परियोजनाओं में खर्च किए गए, जबकि स्थानीय आउटरीच कार्यक्रम भूखे रहे। लालच के आरोपों के साथ सोशल मीडिया पर आग लग गई। उपस्थिति में भारी गिरावट आई; दानदाताओं ने हाथ पीछे खींच लिए। रयान ने अपने बोर्ड का सामना किया, जिसने "रीब्रांड" के लिए पीआर अभियान की मांग की। लेकिन अजनबी के शब्दों ने उसे परेशान कर दिया: "तुम मर चुके हो।" वह चर्च के तहखाने में एक छोटे से

प्रार्थना समूह में गया, जिसका नेतृत्व मारिया नामक एक चौकीदार कर रहा था। वहाँ, उसने कच्ची पूजा देखी - कोई रोशनी नहीं, कोई कैमरा नहीं, बस दिल रो रहे थे। मारिया ने मैथ्यू 23:15 का हवाला दिया, जब चर्च खुद को भगवान से ऊपर रखता है तो उजाड़ होने की चेतावनी दी। रयान ने खोखलापन देखाः न्यू होराइजन की सफलता एक मृगतृष्णा थी, जो दिखावे पर आधारित थी, आत्मसमर्पण पर नहीं।

4. **अवशेष**

रयान ने आपातकालीन बैठक बुलाई, लेकिन अभयारण्य में नहीं बल्कि पार्किंग स्थल में। "हम अपना रास्ता भूल गए हैं," उसने 2,000 लोगों के सामने कबूल किया जो वहाँ आए थे। "हमने विकास का पीछा किया, यीशु का नहीं।" उसने कार्यक्रम रद्द कर दिए, और धन को गरीबों में बदल दिया। एक बचा हुआ हिस्सा - मारिया, कुछ युवा और अन्य - मसीह के साथ अंतरंगता के लिए भूखे रह गए। वे घरों में मिलने लगे, प्रकाशितवाक्य 3:2 का अध्ययन करते हुएः "उठो, और जो बचा है उसे मजबूत करो।" उन्होंने प्रार्थना की, रोए और शहर के भूले हुए लोगों की सेवा की। धीरे-धीरे, भरोसा वापस लौटा, संख्या में नहीं बल्कि बदले हुए जीवन में। एक अकेली माँ को उनके भोजन बैंक के माध्यम से आशा मिली; एक किशोर ने उनके मार्गदर्शन के बाद ड्रग्स छोड़ दिया। बचे हुए लोगों ने "एक आवश्यक चीज़" (लूका 10:42) को चुना, सांसारिक सफलता का पीछा करने के बजाय यीशु के चरणों में बैठना।

5. **स्वर्ग की चेतावनी**

न्यू होराइज़न का पतन अति-विकास के नशे में चूर चर्चों के लिए एक चेतावनी थी। प्रकाशितवाक्य 3:3 आग्रह करता है, "जो कुछ तुमने प्राप्त किया और सुना है, उसे याद रखो। उसे रखो और पश्चाताप करो।" आज के मेगाचर्च साम्राज्य बनाने का जोखिम उठाते हैं जबकि यीशु बाहर खड़े होकर दस्तक दे रहे हैं। दुनिया भीड़ और करिश्मे की सराहना करती है, लेकिन स्वर्ग भक्ति को मापता है। क्या आप प्रार्थना पर कार्यक्रमों को, दया पर मापदंड को प्राथमिकता देंगे? यीशु आपको विनाश आने से पहले जागने के लिए कहते हैं (मैथ्यू 23:15)। स्व-केंद्रित सफलता का पश्चाताप करें; पूजा की सादगी पर लौटें। शेष लोग रास्ता दिखाते हैं: छोटे, वफादार, समर्पित। यीशु के लिए दरवाजा खोलें, या आपका दीवट हटा दिया जाएगा। भ्रम के बजाय अंतरंगता चुनें - अभी।

कहानी 6 : अफ्रीका - पुनरुद्धार भ्रष्टाचार - राख की वेदी

पवित्रशास्त्र: लूका 10:38-41, प्रकाशितवाक्य 2:4-5, मत्ती 23:15

1. भ्रम

घाना के अकरा में, फायर ऑफ ग्लोरी मंत्रालयों ने खूब धूम मचाई। पादरी सैमुअल की पुनरुद्धार सभाओं में चमत्कार चाहने वाले भक्तों से 10,000 सीटों वाला टेंट भरा हुआ था। बिलबोर्ड पर उपचारों का दावा किया गया था, और लाइवस्ट्रीम अफ्रीका भर में लाखों लोगों तक पहुँची। चर्च के गायकों ने दुनिया भर में दौरा किया, और इसके अनाथालय परियोजना ने पुरस्कार जीते। सैमुअल, एक जोशीले उपदेशक ने सिलवाया सूट पहनकर घोषणा की, "ईश्वर की शक्ति यहाँ है!" चढ़ावे की बाढ़ आ गई, निजी जेट और एक चमचमाते मुख्यालय के लिए धन जुटाया। भीड़ नाचती, चिल्लाती और आशीर्वाद के लिए "विश्वास का बीज" बोती। फिर भी, उन्माद ने एक खोखलापन छिपा रखा था। सदस्यों ने चमत्कारों का पीछा किया लेकिन प्रार्थना को नज़रअंदाज़ कर दिया; नेताओं ने विश्वास पर प्रसिद्धि को प्राथमिकता दी। लूका 10:40 में मार्था की तरह, फायर ऑफ ग्लोरी "बहुत सेवा करने में विचलित" थी, दरवाजे पर खड़े यीशु से बेखबर, उसकी दस्तक पुनरुद्धार की गर्जना में डूब गई।

2. द नॉक

शुक्रवार की रात धर्मयुद्ध के दौरान, संस्थापक सदस्य ग्रेस नामक एक बुजुर्ग महिला बिना बुलाए खड़ी थी। अपनी बाइबिल को पकड़ते हुए, उसने रहस्योद्घाटन 2:4 को उद्धृत किया: "तुमने पहले जैसा प्रेम त्याग दिया है।" उसकी आवाज़ संगीत के बीच से निकल रही थी: "यीशु दस्तक दे रहा है, लेकिन तुमने उसके घर को बाज़ार में बदल दिया है!" भीड़ ने चौंका दिया; शमूएल ने उसे दूर भगाया, लेकिन उसके शब्द गूंज उठे। उस रात, शमूएल ने लूका 10:38-41 पढ़ा, यीशु द्वारा मार्था को फटकारने से दोषी महसूस करते हुए: "एक बात ज़रूरी है।" उसने चर्च के शुरुआती दिनों को याद किया- साधारण सभाएँ, उत्कट प्रार्थना, सच्चा प्यार। अब, महिमा की आग ने तमाशा का पीछा किया, भीड़ के बावजूद इसकी वेदी ठंडी थी। यीशु दरवाजे पर थे, लेकिन चर्च अपनी महिमा से इतना मोहित था कि सुन नहीं पाया।

3. संकट

कुछ दिनों बाद, एक मुखबिर ने भ्रष्टाचार का पर्दाफाश किया। अनाथों के लिए दिए जाने वाले दान से सैमुअल की शानदार जीवनशैली चलती थी; कुछ "उपचार" का नाटक किया गया था। सोशल मीडिया पर #FireOfGloryFraud के साथ विस्फोट हुआ। विरोध प्रदर्शनों ने तम्बू को हिला दिया; उपस्थिति कम हो गई। सैमुअल के करीबी लोगों ने ब्रांड को बचाने के लिए मीडिया पर धमाका करने का आग्रह किया, लेकिन ग्रेस के शब्दों ने उसे परेशान कर दिया: "अपने पहले प्यार को त्याग दिया।" वह एक झुग्गी में एक छोटी प्रार्थना सभा में गया, जिसका नेतृत्व क्वामे नामक एक अपंग प्रचारक कर रहा था। वहाँ, उसे सच्ची पूजा मिली - कोई कैमरा नहीं, सिर्फ़ आँसू और शास्त्र। क्वामे ने मैथ्यू 23:15 का हवाला देते हुए "उजाड़ने वाली घृणित वस्तु" के बारे में चेतावनी दी, जब परमेश्वर का घर एक दिखावा बन जाता है। सैमुअल

ने सच्चाई देखी: ग्लोरी की आग का पुनरुद्धार राख था, जो लालच पर बना था, न कि परमेश्वर पर।

4. अवशेष

शमूएल ने सार्वजनिक पश्चाताप सेवा का आह्वान किया, तंबू में नहीं बल्कि कीचड़ भरे मैदान में। "हमने पाप किया है," वह रोया, 3,000 लोगों के सामने कबूल किया जो आए थे। उसने संपत्तियां बेच दीं, धन को गरीबों में पुनर्निर्देशित किया। एक बचा हुआ हिस्सा - ग्रेस, क्वामे और अन्य - यीशु के साथ अंतरंगता की लालसा में रुके रहे। उन्होंने प्रकाशितवाक्य 2:5 का अध्ययन किया: "पश्चाताप करो और वही काम करो जो तुमने पहले किए थे।" घरों में मिलते हुए, उन्होंने प्रार्थना की, विधवाओं की सेवा की, और भोजन साझा किया। एक सड़क के बच्चे को उनके आउटरीच के माध्यम से आश्रय मिला; उनकी दयालुता से एक माँ का विश्वास बहाल हुआ। बचे हुए लोगों ने "बेहतर हिस्सा" (लूका 10:42) चुना, चमत्कारों का पीछा करने के बजाय यीशु के चरणों में बैठे। धीरे-धीरे, ग्लोरी की आग की सच्ची आग फिर से जल उठी, भीड़ में नहीं बल्कि पश्चातापी दिलों में।

5. स्वर्ग की चेतावनी

ग्लोरी की आग का पतन अफ्रीका के पुनरुद्धार चर्चों को चेतावनी देता है: प्रेम के बिना चमत्कार न्याय को आमंत्रित करते हैं। रहस्योद्घाटन 2:5 आग्रह करता है, "पश्चाताप करो, या मैं तुम्हारा दीवट हटा दूँगा।" आप संकेतों से चकाचौंध करते हैं लेकिन दरवाजे पर यीशु की उपेक्षा करते हैं। मैथ्यू 23:15 भ्रष्ट वेदियों के लिए उजाड़ की भविष्यवाणी करता है। क्या आप विश्वास से अधिक प्रसिद्धि, आज्ञाकारिता से अधिक भेंट का

पीछा करेंगे? बचे हुए लोग रास्ता दिखाते हैं: विनम्र, समर्पित, समर्पित। अपने पहले प्यार की ओर लौटें - प्रार्थना, पवित्रता, करुणा। यीशु के लिए दरवाजा खोलें, या आपकी आग राख में बदल जाएगी। भ्रम से अधिक अंतरंगता चुनें - अभी

कहानी 7: एशिया - उत्पीड़न का शुद्धिकरण - समर्पण की झोंपड़ी

***पवित्रशास्त्रः लूका** 10:38-41, **प्रकाशितवाक्य** 3:8, **मत्ती** 23:15*

1. भ्रम

उत्तर कोरिया के प्योंगयांग के पास एक बर्फीले जंगल में, एक गुप्त चर्च एक सड़ती हुई झोपड़ी में मिला। 50 वर्षीय दुबले-पतले एल्डर किम ने टिमटिमाती मोमबत्ती की रोशनी में तीस विश्वासियों का नेतृत्व किया। वे फुसफुसाते हुए गाते थे, उनकी सांस बर्फीली हवा में दिखाई देती थी, सरकारी गश्त से बचते हुए। मण्डली ने शास्त्र को याद किया, तस्करी किए गए चावल साझा किए, और स्वतंत्रता के लिए प्रार्थना की। बाहरी लोग उन्हें नायक कह सकते हैं, उनका विश्वास उत्पीड़न की आग में गढ़ा गया था। लेकिन उनके साहस के नीचे दरारें बन गईं। कुछ लोगों ने भूख से डरकर भोजन जमा कर लिया; अन्य विश्वासघात के डर से नए धर्मांतरित लोगों से दूर रहे। लूका 10:40 में मार्था की तरह, वे "बहुत सी बातों को लेकर चिंतित और परेशान थे," उनके जीवित रहने की प्रवृत्ति उनके उद्धारकर्ता को मात दे रही थी। झोपड़ी एक शरणस्थली थी, लेकिन इसकी पूजा यांत्रिक हो गई, सहनशीलता का एक अनुष्ठान। यीशु दरवाजे पर खड़े होकर दस्तक दे रहे थे, फिर भी डर ने उनकी पुकार को दबा दिया।

2. द नॉक

एक रात, हाल ही में बपतिस्मा लेने वाली सू नामक एक किशोरी ने प्रार्थना के दौरान बात की। उसकी आवाज़ काँप उठी: "प्रकाशितवाक्य 3:8 कहता है, 'मैंने तुम्हारे सामने एक खुला दरवाज़ा रखा है, जिसे कोई बंद नहीं कर सकता।' यीशु दस्तक दे रहा है, लेकिन हम उससे छिप रहे हैं!" किम भड़क उठी; समूह तनाव में था। सू के पिता को सुसमाचार साझा करने के लिए गिरफ़्तार किया गया था - उसके शब्दों में वज़न था। किम ने उसे जाने दिया, लेकिन उस रात, उसने लूका 10:38-41 पढ़ा। मार्था से कहे गए यीशु के शब्दों ने उसे चुभ दिया: "एक बात ज़रूरी है।" चर्च की अस्तित्व की रणनीति - संचय, अलगाव - मार्था के व्याकुलता को दर्शाती थी। यीशु ने गहरी आस्था के लिए एक खुला दरवाज़ा पेश किया, लेकिन वे आत्म-संरक्षण से चिपके रहे। झोपड़ी की चरमराती दीवारों के बीच उद्धारकर्ता की दस्तक को महसूस करते हुए किम रो पड़ा।

3. संकट

कुछ दिनों बाद, एक छापा मारा गया। सैनिकों ने सू को पकड़ लिया, उस पर बाइबल बांटने का आरोप लगाया। अराजकता में, कुछ विश्वासी भाग गए, सामान छिपाकर; दूसरों ने खुद को बचाने के लिए नाम बताए। पूछताछ के दौरान किम के सामने एक विकल्प था: चर्च से इनकार करना या मर जाना। रिश्वत देकर रिहा होने के बाद, वह एक खंडित झुंड में वापस आ गया। सू के शब्द गूंज उठे: "एक खुला दरवाजा।" उसने हाना नाम की एक विधवा के नेतृत्व में एक गुफा में बचे हुए लोगों की बैठक की मांग की। उसने मैथ्यू 23:15 का हवाला दिया, जब भय विश्वास से आगे निकल जाता है तो उजाड़ होने की चेतावनी दी। किम ने संकट देखा: उत्पीड़न ने उनके स्वार्थ को उजागर कर दिया था। झोपड़ी, जो कभी एक अभयारण्य थी, खाली खड़ी थी,

इसकी वेदी अविश्वास से अपवित्र हो गई थी। उनका विश्वास, परीक्षण किया गया, दबाव में टूट गया था।

4. **अवशेष**

किम ने बचे हुए लोगों को इकट्ठा किया - हाना, पाँच अन्य, और एक मुक्त सू - एक नए छिपने के स्थान पर। "हमने यीशु को बाहर कर दिया है," उसने कबूल किया। उन्होंने बलिदान के खुले दरवाजे को गले लगाते हुए, रहस्योद्घाटन 3:8 का अध्ययन किया। बचे हुए लोगों ने अपने आखिरी चावल भूखे पड़ोसियों के साथ साझा किए, जोखिम उठाते हुए। उन्होंने ईश्वर की शक्ति पर भरोसा करते हुए, सुसमाचार प्रचार किया। लूका 10:42 ने उन्हें प्रेरित किया: "मरियम ने बेहतर भाग को चुना है।" एक दलबदलू ने उनकी दयालुता के माध्यम से मसीह को पाया; एक रक्षक, उनके साहस से प्रेरित होकर, उन्हें बचा लिया। बचे हुए लोग संख्या में नहीं बल्कि गहराई में बढ़े, उनकी पूजा उत्साही थी, उनका प्यार निडर था। उत्पीड़न ने उन्हें शुद्ध किया, यीशु की उपस्थिति का द्वार खोला।

5. **स्वर्ग की चेतावनी**

झोपड़ी का गिरना सताए गए चर्चों को चेतावनी देता है: परीक्षण केवल समर्पण के माध्यम से ही परिष्कृत होते हैं। प्रकाशितवाक्य 3:8 एक खुले दरवाजे का वादा करता है, लेकिन डर इसे बंद कर सकता है। मैथ्यू 23:15 अविश्वासी धीरज के लिए उजाड़ की भविष्यवाणी करता है। क्या आप जीवन को जमा करेंगे या इसे देंगे? उत्पीड़न स्वार्थ के लिए कोई बहाना नहीं है। बचे हुए लोग रास्ता दिखाते हैं: साहसी,

निस्वार्थ, समर्पित। यीशु के लिए दरवाजा खोलें, या आपका दुख व्यर्थ है। जीवित रहने के बजाय अंतरंगता चुनें - अभी।

कहानी 8: यूरोप - मृत परंपरा - द साइलेंट कैथेड्रल

शास्त्र: लूका 10:38-41, प्रकाशितवाक्य 2:5, मत्ती 23:15

1. भ्रम

जर्मनी के कोलोन में, सेंट माइकल कैथेड्रल शहर के ऊपर स्थित है, इसकी गॉथिक मीनारें पर्यटकों को आकर्षित करती हैं, न कि भक्तों को। फादर हंस, एक विद्वान पुजारी, सटीकता के साथ अनुष्ठानों की अध्यक्षता करते थे। ऑर्गन के भजन रंगीन कांच के हॉल में गूंजते थे, और चर्च की विरासत की स्थिति ने इसके रखरखाव को वित्तपोषित किया। रविवार की सेवाओं में मुट्ठी भर बुजुर्ग शामिल होते थे, जो रटे-रटाए धर्मग्रंथों का पाठ करते थे। हंस को परंपरा पर गर्व था, अवशेषों को संजोना और सांस्कृतिक कार्यक्रमों की मेजबानी करना। दुनिया के लिए, सेंट माइकल आस्था का एक स्मारक था। लेकिन इसकी बेंचें ठंडी थीं, इसकी प्रार्थनाएँ खोखली थीं। ल्यूक 10:40 में मार्था की तरह, चर्च "बहुत सेवा करने में विचलित था" - भोज पर समारोह। यीशु ने इसके प्राचीन दरवाजों पर दस्तक दी, लेकिन ध्वनि परंपरा की खटपट में खो गई।

2. द नॉक

लेंटन मास के दौरान, मिरियम नामक एक सीरियाई शरणार्थी एक बाइबिल को पकड़े हुए खड़ी थी। "प्रकाशितवाक्य 2:5 कहता है, 'याद करो कि तुम कहाँ से गिरे हो; पश्चाताप करो,'" उसने घोषणा की। "यीशु दस्तक दे रहा है, लेकिन तुम पत्थर की पूजा करते हो, उसकी नहीं!" हंस ने नाराज़ होकर उसे बाहर निकाल दिया, लेकिन उसके शब्द याद नहीं रहे। उस रात, उसने लूका 10:38-41 पढ़ा, यीशु के "एक बात

ज़रूरी है" के आह्वान से प्रभावित होकर। सेंट माइकल के अनुष्ठान, जो कभी जीवंत हुआ करते थे, अब एक संग्रहालय बन गए थे। यीशु बाहर खड़े थे, लेकिन गिरजाघर की भव्यता ने हंस को उनकी दस्तक सुनने से रोक दिया। उसने विश्वास से ज़्यादा रूप को बनाए रखने में अपना गौरव देखा।

3. संकट

दोषपूर्ण वायरिंग से लगी आग ने गिरजाघर के अवशेषों को नष्ट कर दिया। न्यूज़ ने इसे सांस्कृतिक क्षति बताया; हंस ने ईश्वरीय न्याय देखा। मिरियम की चेतावनी - मैथ्यू 23:15 का "घृणित विनाश" - सच साबित हुआ। मण्डली कम हो गई; दानदाताओं ने हाथ खींच लिए। हंस ने चर्च के तहखाने में एक युवा समूह का दौरा किया, जिसका नेतृत्व लुकास नामक एक बरिस्ता कर रहा था। उनकी कच्ची प्रार्थनाएँ, दिखावटीपन से मुक्त, गिरजाघर के खालीपन को उजागर करती हैं। हंस ने स्वीकार किया: सेंट माइकल मर चुका था, इसकी परंपराएँ एक कब्र बन गई थीं। आग ने दिखावे को जला दिया था, एक चर्च को प्रकट किया जो अपने पहले प्यार को भूल गया था।

4. अवशेष

हंस ने जले हुए नैव में जागरण का आह्वान किया। "हमने यीशु को खो दिया है," उसने 200 लोगों के सामने कबूल किया जो वहाँ आए थे। उसने रीति-रिवाजों को त्याग दिया, इसके बजाय बाइबल अध्ययन का नेतृत्व किया। बचे हुए लोगों - लुकास, मिरियम और अन्य - ने पश्चाताप करने के लिए प्रकाशितवाक्य 2:5 के आह्वान को अपनाया। उन्होंने शरणार्थियों की सेवा की, मसीह के प्रेम को साझा किया। ल्यूक

10:42 ने उनका मार्गदर्शन किया: "बेहतर हिस्सा।" एक बेघर आदमी को आश्रय मिला; एक संशयवादी उनकी प्रार्थनाओं में शामिल हो गया। बचे हुए लोगों ने दीवारों को नहीं, बल्कि विश्वास को फिर से बनाया, जिससे गिरजाघर के दरवाजे यीशु की उपस्थिति के लिए खुल गए।

5. स्वर्ग की चेतावनी

सेंट माइकल का खंडहर यूरोप के चर्चों को चेतावनी देता है: यीशु के बिना परंपरा मृत्यु है। प्रकाशितवाक्य 2:5 आग्रह करता है, "पहले जो काम तुमने किए थे, वही करो।" मैथ्यू 23:15 बेजान अनुष्ठानों के लिए विनाश की भविष्यवाणी करता है। क्या आप विरासत या मसीह से चिपके रहेंगे? बचे हुए लोग रास्ता दिखाते हैं: विनम्र, जीवित, समर्पित। यीशु के लिए दरवाज़ा खोलो, नहीं तो तुम्हारा दीया गिर जाएगा। संस्था के बजाय अंतरंगता चुनें - अभी।

कहानी 9: दक्षिण अमेरिका - शिष्यत्व - द हॉलो हार्वेस्ट

शास्त्र: लूका 10:38-41, प्रकाशितवाक्य 3:15-16, मत्ती 23:15

1. भ्रम

ब्राजील के साओ पाउलो में, विदा नोवा चर्च में 5,000 सदस्य हो गए। पादरी कार्ला के उत्साहपूर्ण उपदेशों और त्वरित बपतिस्मा ने आधुनिक सभागार को भर दिया। बिलबोर्ड ने "30 दिनों में एक नया जीवन!" का वादा किया था! युवा शिविरों और सोशल मीडिया चुनौतियों ने भीड़ को आकर्षित किया। बपतिस्मा साप्ताहिक रूप से होता था, जिसमें बहुत

कम शिक्षा दी जाती थी। कार्ला ने विकास का दावा किया, उसका ऐप #VidaNovaVibe के साथ ट्रेंड कर रहा था। लेकिन चर्च उथला था - सदस्य आशीर्वाद के लिए शामिल हुए, परिवर्तन के लिए नहीं। ल्यूक 10:40 में मार्था की तरह, विदा नोवा "बहुत सी बातों को लेकर चिंतित और परेशान था", गहराई से ज़्यादा संख्या का पीछा कर रहा था। यीशु ने इसके कांच के दरवाज़े खटखटाए, लेकिन तत्काल विश्वास के शोर ने उसे दबा दिया।

2. द नॉक

बपतिस्मा सेवा में, पेड्रो नामक एक मिशनरी खड़ा था। "प्रकाशितवाक्य 3:15 कहता है, 'तुम न तो गर्म हो और न ही ठंडे,'" उसने चेतावनी दी। "यीशु दस्तक दे रहा है, लेकिन आपके शॉर्टकट उसे बाहर कर देते हैं!" कार्ला ने उपहास किया, लेकिन पेड्रो के शब्द दिल को छू गए। उस रात, उसने ल्यूक 10:38-41 पढ़ा, "एक बात ज़रूरी है" के विश्वास के साथ। विदा नोवा की तेज़ वृद्धि ने शिष्यत्व को छोड़ दिया, जिससे धर्मांतरित लोग जड़ से उखड़ गए। यीशु ने गहराई की पेशकश की, लेकिन चर्च ने चमक को चुना। कार्ला ने उसकी दस्तक महसूस की, उसे धीमा करने का आग्रह किया।

3. संकट

एक घोटाला सामने आया: अप्रशिक्षित नेताओं ने काउंसलिंग को गलत तरीके से संभाला, जिससे एक किशोर फिर से नशे की लत में पड़ गया। सोशल मीडिया ने विदा नोवा को बंद कर दिया; सदस्य चले गए।

पेड्रो की चेतावनी - मैथ्यू 23:15 का विनाश - सामने आया। कार्ला ने एक नर्स, एना के नेतृत्व में एक छोटे से बाइबल अध्ययन का दौरा किया। उनकी गहन चर्चाओं ने विदा नोवा की उथल-पुथल को उजागर किया। कार्ला ने सच्चाई देखी: शॉर्टकट ने खोखली फसल पैदा की, एक चर्च गुनगुना और थूक दिया गया (प्रकाशितवाक्य 3:16)।

4. **अवशेष**

कार्ला ने सभागार में एक खुला स्वीकारोक्ति आयोजित की। "हमने आपको निराश किया है," उसने 1,000 लोगों से कहा जो वहाँ रुके थे। उसने त्वरित बपतिस्मा को मार्गदर्शन के साथ बदल दिया। एक बचे हुए लोग - एना, पेड्रो और अन्य - ने ल्यूक 10:42 का अध्ययन किया, "बेहतर भाग" को चुना। उन्होंने किशोरों को शिष्य बनाया, विश्वास को फिर से बनाया। एक संघर्षरत माँ ने उद्देश्य पाया; एक युवा ने एक दोस्त को मसीह के पास पहुँचाया। शेष लोग मजबूत हुए, बड़े नहीं, यीशु की सच्चाई के लिए द्वार खोलते हुए।

5. **स्वर्ग की चेतावनी**

विदा नोवा का पतन चर्चों को शॉर्टकट अपनाने की चेतावनी देता है: गुनगुना विश्वास अस्वीकृति को आमंत्रित करता है (प्रकाशितवाक्य 3:16)। मैथ्यू 23:15 उथली जड़ों के लिए विनाश की भविष्यवाणी करता है। क्या आप ईश्वरीयता पर विकास को प्राथमिकता देंगे? शेष लोग रास्ता दिखाते हैं: धैर्यवान, जड़ जमाए हुए, समर्पित। यीशु की गहराई का द्वार खोलें, नहीं तो आपकी फसल सड़ जाएगी। सहजता के बजाय अंतरंगता चुनें - अभी।

कहानी 10: ऑस्ट्रेलिया - साधक-अनुकूल समझौता - उद्धारकर्ता के बिना मंच

शास्त्र: लूका 10:38-41, प्रकाशितवाक्य 3:15-16, मत्ती 23:15

1. भ्रम

ऑस्ट्रेलिया के सिडनी में, कोस्टल ग्रेस चर्च अपने समुद्र तट के सामने के परिसर से जगमगा उठा। 35 वर्षीय पादरी लॉरेन ने TED टॉक-शैली के उपदेशों और पॉप संगीत समारोहों की बराबरी करने वाले आराधना बैंड के साथ 3,000 लोगों की एक मंडली का नेतृत्व किया। चर्च के ऐप ने माइंडफुलनेस भक्ति की पेशकश की, और इसके कैफे ने ओपन-माइक नाइट्स की मेजबानी की। बिलबोर्ड ने घोषणा की, "अपना सर्वश्रेष्ठ जीवन पाओ!" उपस्थिति बढ़ गई, विशेष रूप से युवा पेशेवरों के बीच जो "धर्म" के बिना उद्देश्य की तलाश कर रहे थे। सोशल मीडिया #CoastalGraceVibes से जगमगा उठा। लेकिन चर्च ने अपील के लिए सच्चाई को कमज़ोर कर दिया - पाप का शायद ही कभी उल्लेख किया गया, पश्चाताप को दरकिनार कर दिया गया। ल्यूक 10:40 में मार्था की तरह, कोस्टल ग्रेस "बहुत सेवा करने में विचलित" था, एक साधक-अनुकूल मुखौटा तैयार करते हुए जबकि यीशु ने इसके कांच के दरवाजों पर दस्तक दी, उसकी पुकार तालियों में खो गई।

2. द नॉक

रविवार की खचाखच भरी सेवा के दौरान, थॉमस नामक एक बुज़ुर्ग स्वयंसेवक कांपता हुआ खड़ा था। "प्रकाशितवाक्य 3:15 कहता है, 'तुम न तो गर्म हो और न ही ठंडे,'" उसने घोषणा की। "यीशु दस्तक दे रहा है, लेकिन तुमने उसे लाइक के लिए बाहर कर दिया है!" लॉरेन स्तब्ध रह गई; बैंड ने उसे कवर करने के लिए ज़ोर से बजाया। उस रात, उसने लूका 10:38-41 पढ़ा, यीशु के शब्दों से प्रभावित होकर: "एक बात ज़रूरी है।" कोस्टल ग्रेस की शानदार सेवाओं ने मनोरंजन किया लेकिन बदलाव नहीं किया। यीशु ने गहराई की पेशकश की, लेकिन चर्च ने प्रासंगिकता का पीछा किया। थॉमस की चेतावनी गूंज उठी - लॉरेन ने उद्धारकर्ता की दस्तक महसूस की, उसे रुझानों पर सच्चाई चुनने का आग्रह किया।

3. **संकट**

एक वायरल वीडियो ने चर्च के समझौते को उजागर किया: एक नेता ने उपस्थिति बढ़ाने के लिए धर्मोपदेशों को कमज़ोर करने की बात स्वीकार की। #CoastalFake जैसे हैशटैग ट्रेंड हुए; सदस्यों ने बड़ी संख्या में चर्च छोड़ दिया। लॉरेन की टीम ने एक रीब्रांड का प्रस्ताव रखा, लेकिन थॉमस के शब्द - मैथ्यू 23:15 का "घृणित उजाड़" - उसे परेशान करता रहा। वह एक चर्च के स्टोररूम में एक बरिस्ता, एम्मा के नेतृत्व में एक छोटे से प्रार्थना समूह में गई। पश्चाताप पर केंद्रित उनकी कच्ची पूजा ने कोस्टल ग्रेस के खोखलेपन को उजागर किया। लॉरेन ने सच्चाई देखी: साधक-अनुकूल शॉर्टकट ने एक गुनगुना चर्च बनाया था, न तो गर्म और न ही ठंडा, जिसे बाहर थूकने के लिए तैयार किया गया था (प्रकाशितवाक्य 3:16)।

4. **अवशेष**

लॉरेन ने कारपार्क में टाउन हॉल को फोन किया। "हमने यीशु को खो दिया है," उसने वहाँ आए 500 लोगों के सामने कबूल किया। उसने पाप और अनुग्रह का उपदेश देने वाले उथले कार्यक्रमों को खत्म कर दिया। एक बचे हुए लोग - एम्मा, थॉमस और अन्य - ने लूका 10:42 के "बेहतर हिस्से" को अपनाया, यीशु की उपस्थिति को प्राथमिकता दी। उन्होंने बेघर लोगों की सेवा की, साहसिक सुसमाचार सत्य साझा किए। एक संशयवादी ने अपनी ईमानदारी के माध्यम से विश्वास पाया; एक परिवार ने अपनी वेदी पर सुलह की। शेष लोग आकार में नहीं, बल्कि आग में बढ़े, जिससे यीशु के आह्वान का द्वार खुल गया।

5. स्वर्ग की चेतावनी

कोस्टल ग्रेस का पतन साधक-हितैषी चर्चों को चेतावनी देता है: समझौता गुनगुनापन पैदा करता है (प्रकाशितवाक्य 3:16)। मैथ्यू 23:15 कमजोर विश्वास के लिए विनाश की भविष्यवाणी करता है। क्या आप भीड़ का पीछा करेंगे या मसीह का? बचे हुए लोग रास्ता दिखाते हैं: सच्चे, उत्साही, समर्पित। यीशु के पूर्ण सुसमाचार के लिए दरवाजा खोलें, या बाहर थूक दिए जाएँ। तालियों की गड़गड़ाहट के बजाय अंतरंगता चुनें - अभी।

कहानी 11: वैश्विक उत्पीड़न - भूमिगत चर्च - सेलर का रोना

शास्त्र: लूका 10:38-41, प्रकाशितवाक्य 2:10, मत्ती 23:15

1. भ्रम

ईरान के तेहरान में, एक हाउस चर्च एक नम तहखाने में सिमटा हुआ था। पादरी रेजा, जो एक पूर्व मैकेनिक थे, ने बीस विश्वासियों को फुसफुसाते हुए पूजा में नेतृत्व किया, उनकी बाइबलें फर्श पर छिपी हुई थीं। उन्होंने रोटी साझा की, जेल में बंद भाइयों के लिए प्रार्थना की, और एक ही बल्ब के नीचे शास्त्रों को याद किया। उत्पीड़न ने उनके विश्वास को मजबूत किया - बाहरी लोगों ने उन्हें अडिग देखा। लेकिन डर घुस गया: कुछ लोग गिरफ्तारी से डरते हुए, आउटरीच से बचते रहे; दूसरों ने बलिदान पर सुरक्षा को प्राथमिकता दी। ल्यूक 10:40 में मार्था की तरह, वे "बहुत सी बातों के बारे में चिंतित और परेशान थे," उनका बचना उनके उद्धारकर्ता को ग्रहण लगा रहा था। यीशु ने तहखाने के दरवाजे पर दस्तक दी, लेकिन सावधानी ने उनकी आवाज़ को दबा दिया।

2. द नॉक

एक रात, लीला नाम की एक नई धर्मांतरित महिला ने साहसपूर्वक बात की। उसने आग्रह किया, "प्रकाशितवाक्य 2:10 कहता है, 'मृत्यु तक विश्वासयोग्य रहो।'" "यीशु दस्तक दे रहा है, लेकिन हम उसकी पुकार से छिप रहे हैं!" रेजा भड़क गया; डर ने समूह को चुप करा दिया। लीला का भाई जेल में था - उसकी हिम्मत डगमगा गई। उस रात, रेजा ने लूका 10:38-41 पढ़ा, "एक बात ज़रूरी है।" चर्च की सावधानी ने यीशु के मिशन को बंद कर दिया था। उसने उद्धारकर्ता की दस्तक महसूस की, जो उन्हें निडर प्रेम के लिए बुला रही थी।

3. संकट

कुछ दिनों बाद छापा मारा गया। गार्डों ने लीला को पकड़ लिया और बाइबलें जब्त कर लीं। कुछ विश्वासी भाग गए; दूसरों ने खुद को बचाने के लिए सुरक्षित स्थानों को धोखा दिया। रेजा को बख्शा गया, लेकिन उसे अपनी कायरता का सामना करना पड़ा। लीला के शब्द - मैथ्यू 23:15 का विनाश - सच साबित हुए। वह एक विधवा, सारा के नेतृत्व में एक नए तहखाने में बचे हुए लोगों में शामिल हो गया। उसकी निडर प्रार्थनाओं ने चर्च की कायरता को उजागर कर दिया। रेजा ने सच्चाई देखी: उत्पीड़न ने उनके विश्वास की परीक्षा ली थी, एक तहखाने को उजागर किया जो अभयारण्य से अधिक कब्र था, जो भय से अपवित्र था।

4. अवशेष

रेजा ने बचे हुए लोगों को इकट्ठा किया - सारा, लीला (छोड़ दी गई), और दस अन्य। "हमने यीशु को बाहर कर दिया है," उसने कबूल किया। उन्होंने प्रकाशितवाक्य 2:10 का अध्ययन किया, और कीमती वफ़ादारी को अपनाया। बचे हुए लोगों ने गिरफ़्तारी का जोखिम उठाते हुए सुसमाचार साझा किया। लूका 10:42 ने उन्हें प्रेरित किया: "बेहतर हिस्सा।" उनकी गवाही के ज़रिए एक गार्ड ने धर्म परिवर्तन किया; एक पड़ोसी को उम्मीद मिली। बचे हुए लोगों के साहस ने तहखाने को रोशन कर दिया, जिससे यीशु की शक्ति का द्वार खुल गया।

5. स्वर्ग की चेतावनी

तहखाने का परीक्षण भूमिगत चर्चों को चेतावनी देता है: भय यीशु के द्वार को बंद कर सकता है। प्रकाशितवाक्य 2:10 मृत्यु तक वफ़ादारी के लिए कहता है। मैथ्यू 23:15 डरपोक विश्वास के लिए विनाश की भविष्यवाणी करता है। क्या आप छिपेंगे या चमकेंगे? बचे हुए लोग रास्ता दिखाते हैं: साहसी, बलिदानी, समर्पित। यीशु के मिशन के लिए द्वार खोलें, या उत्पीड़न आपको तोड़ देगा। सुरक्षा के बजाय अंतरंगता चुनें - अभी।

कहानी 12: अंटार्कटिका - अंतिम समय की जागृति - अंतिम प्रकाश स्तंभ

शास्त्र: लूका 10:38-41, प्रकाशितवाक्य 3:20, मत्ती 23:15

1. भ्रम

अंटार्कटिका के मैकमुर्डो स्टेशन पर, एक शोध बेस में 200 वैज्ञानिक रहते थे। जीवविज्ञानी से उपदेशक बनी डॉ. एलेना ने मेस हॉल में एक छोटा सा बाइबल अध्ययन कराया। अधिकांश लोगों ने उसे अनदेखा कर दिया, काम और अकेलेपन में डूबे रहे। समूह ने भजन गाए, लेकिन उदासीनता हावी रही - सदस्य समुदाय के लिए उपस्थित हुए, न कि दृढ़ विश्वास के लिए। बेस की नितांत सुंदरता उनके विश्वास को दर्शाती थी: ठंडी, कार्यात्मक, दूर। ल्यूक 10:40 में मार्था की तरह, वे "बहुत सेवा करने में विचलित थे" - उद्धारकर्ता की तुलना में विज्ञान। यीशु ने

उनके बर्फीले दरवाजे पर दस्तक दी, उनकी पुकार हवा के शोर में खो गई।

2. द नॉक

तूफ़ान के दौरान, ऐलेना ने प्रकाशितवाक्य 3:20 का प्रचार किया: "देख, मैं द्वार पर खड़ी हूँ और खटखटा रही हूँ।" उसने विनती की, "यीशु यहाँ है, लेकिन तुम सुनने में बहुत व्यस्त हो!" सहकर्मियों ने उपहास किया, लेकिन उसके शब्द याद रहे। उस रात, ऐलेना ने लूका 10:38-41 पढ़ा, "एक बात ज़रूरी है।" बेस की दिनचर्या-डेटा, अस्तित्व-मार्था के व्याकुलता को दर्शाती थी। यीशु ने जागृति की पेशकश की, लेकिन उदासीनता ने दरवाज़ा बंद कर दिया। ऐलेना ने उसकी दस्तक महसूस की, जो पुनरुद्धार का आग्रह करती थी।

3. संकट

बर्फानी तूफान ने बेस को फँसा दिया, जिससे बिजली कट गई। दहशत ने आध्यात्मिक शून्यता को उजागर किया: वैज्ञानिक झगड़ने लगे, निराश हो गए। एलेना की चेतावनी - मैथ्यू 23:15 की तबाही - ने कड़ी चोट की। उसने एक भंडारण कक्ष में एक प्रार्थना समूह को इकट्ठा किया, जिसका नेतृत्व एक रसोइया, माटेओ ने किया। उनकी उत्कट पूजा ने अध्ययन की उथल-पुथल को उजागर किया। एलेना ने सच्चाई देखी: बेस का विश्वास एक झिलमिलाहट था, एक लौ नहीं, उदासीनता से मृत।

4. अवशेष

एलेना ने अंधेरे हॉल में एक बैठक बुलाई। "हमने यीशु को अनदेखा किया है," उसने 50 लोगों के सामने कबूल किया जो इसमें शामिल हुए। उन्होंने प्रकाशितवाक्य 3:20 का अध्ययन किया, जिससे उनके दिल खुल गए। बचे हुए लोग - माटेओ और अन्य - ने प्रार्थना की, पश्चाताप किया और आपूर्ति साझा की। ल्यूक 10:42 ने उनका मार्गदर्शन किया: "बेहतर हिस्सा।" एक आत्महत्या करने वाले शोधकर्ता को आशा मिली; एक संदेहवादी पूजा में शामिल हुआ। बचे हुए लोग एक प्रकाश स्तंभ बन गए, जिससे यीशु की रोशनी का द्वार खुल गया।

5. स्वर्ग की चेतावनी

अंटार्कटिका की जागृति अंत समय के चर्चों को चेतावनी देती है: उदासीनता यीशु को बाहर कर देती है। प्रकाशितवाक्य 3:20 सभी को दरवाज़ा खोलने के लिए आमंत्रित करता है। मत्ती 23:15 उदासीनता के लिए उजाड़ का संकेत देता है। क्या आप भरोसे से ज़्यादा कामों को प्राथमिकता देंगे? बचे हुए लोग रास्ता दिखाते हैं: पश्चातापी, उत्साही, समर्पित। यीशु के लिए दरवाज़ा खोलो, नहीं तो अंधकार छा जाएगा। अभी अंतरंगता चुनें - अंत निकट है।

कहानी 1 3: एशिया - उत्पीड़न का शुद्धिकरण - छाया में ज्वाला

***शास्त्र: लूका** 10:38-41, **प्रकाशितवाक्य** 2:10, **मत्ती** 23:15*

1. भ्रम

भारत के उत्तर प्रदेश के एक धूल भरे गाँव में, एक गुप्त ईसाई संगति मिट्टी की ईंटों से बने खलिहान में मिलती है। पादरी विजय, एक पूर्व हिंदू पुजारी, पचास विश्वासियों का लालटेन की रोशनी में नेतृत्व करते हैं, उनके गाने सतर्क भीड़ से बचने के लिए धीमे होते हैं। वे कम फसलें साझा करते हैं, सुरक्षा के लिए प्रार्थना करते हैं, और बच्चों को गुप्त रूप से शास्त्र पढ़ाते हैं। बाहरी लोगों ने उनके विश्वास को अटूट, उत्पीड़न से शुद्ध होते देखा। लेकिन दरारें उभरीं: कुछ लोगों ने छापे के डर से भोजन जमा कर लिया; अन्य ने नए धर्मांतरित लोगों से दूरी बना ली, जासूसों पर संदेह किया। ल्यूक 10:40 में मार्था की तरह, वे "बहुत सेवा करने से विचलित" थे, उनकी जीवित रहने की प्रवृत्ति ने भक्ति को डुबो दिया। यीशु ने खलिहान के कमजोर दरवाजे पर दस्तक दी, लेकिन डर और आत्म-संरक्षण ने उनकी पुकार को दबा दिया।

2. द नॉक

आधी रात की मीटिंग के दौरान, प्रिया नाम की एक युवा विधवा ने हिम्मत से बात की। उसने कहा, "प्रकाशितवाक्य 2:10 कहता है, 'मृत्यु तक विश्वासयोग्य रहो, और मैं तुम्हें जीवन का मुकुट दूंगा।'" "यीशु दस्तक दे रहा है, लेकिन हम डर के मारे दरवाज़ा बंद कर रहे हैं!" विजय

ने झिझकते हुए कहा; उसके पति को प्रचार करने के लिए शहीद कर दिया गया था। समूह चुप हो गया, दोषी महसूस कर रहा था। उस रात, विजय ने लूका 10:38-41 पढ़ा, जो यीशु के शब्दों से प्रभावित था: "एक बात ज़रूरी है।" उनकी सावधानी - संचय, अलगाव - मार्था की व्याकुलता को दर्शाता है। यीशु ने बलिदान के माध्यम से एक मुकुट की पेशकश की, लेकिन वे सुरक्षा से चिपके रहे। विजय ने उनकी दस्तक महसूस की, निडर विश्वास का आग्रह किया।

3. संकट

कुछ दिनों बाद एक भीड़ ने हमला किया, एक धर्मांतरित व्यक्ति के विश्वासघात के बाद खलिहान में आग लगा दी। विजय बच गया, लेकिन प्रिया को पीटा गया। कुछ विश्वासियों ने आपूर्ति छिपा दी; अन्य लोग गांव से भाग गए। प्रिया के शब्द - मैथ्यू 23:15 का "घृणित उजाड़" - गूंज उठे। विजय ने एक बुजुर्ग, अर्जुन के नेतृत्व में जंगल के एक समाशोधन में एक अवशेष की तलाश की। उनकी उत्कट प्रार्थनाओं ने संगति के स्वार्थ को उजागर कर दिया। विजय ने सच्चाई देखी: उत्पीड़न ने एक खोखला विश्वास प्रकट किया था, जो अविश्वास से दूषित था। खलिहान की राख ने उनकी आध्यात्मिक स्थिति को प्रतिबिंबित किया, परीक्षण के तहत विश्वासघाती।

4. अवशेष

विजय ने बचे हुए लोगों को इकट्ठा किया - अर्जुन, प्रिया (ठीक हो गए), और बारह अन्य - एक गुफा में। "हमने यीशु को बाहर कर दिया है," उसने कबूल किया। उन्होंने प्रकाशितवाक्य 2:10 का अध्ययन किया, और महंगी वफ़ादारी को अपनाया। बचे हुए लोगों ने अपना आखिरी

अनाज ग्रामीणों के साथ साझा किया, जिससे उन्हें जोखिम में डाल दिया गया। लूका 10:42 ने उन्हें प्रेरित किया: "बेहतर हिस्सा।" एक हिंदू पड़ोसी ने उनकी दयालुता के कारण धर्म परिवर्तन किया; एक बच्चे का परिवार पूजा में शामिल हुआ। बचे हुए लोगों के साहस ने छाया को रोशन किया, जिससे यीशु की ताकत का द्वार खुल गया।

5. **स्वर्ग की चेतावनी**

खलिहान का विनाश सताए गए चर्चों को चेतावनी देता है: भय विश्वास को धोखा देता है। प्रकाशितवाक्य 2:10 मृत्यु तक विश्वासयोग्य बने रहने का आह्वान करता है। मत्ती 23:15 स्वार्थी अस्तित्व के लिए विनाश का संकेत देता है। क्या आप संग्रह करेंगे या देंगे, छिपेंगे या चमकेंगे? बचे हुए लोग रास्ता दिखाते हैं: बलिदानी, साहसी, समर्पित। यीशु के मिशन के लिए दरवाज़ा खोलें, नहीं तो उत्पीड़न आपको तोड़ देगा। डर के बजाय अंतरंगता चुनें - अभी।

कहानी 14: अफ्रीका - पुनरुद्धार भ्रष्टाचार - महत्वाकांक्षा की वेदी

शास्त्र: लूका 10:38-41, प्रकाशितवाक्य 2:4-5, मत्ती 23:15

1. भ्रम

केन्या के नैरोबी में, ग्लोरी एराइज चर्च ने 15,000 सीटों वाले क्षेत्र को इलेक्ट्रिक पूजा से भर दिया। पादरी नाओमी, एक टेलीवेंजलिस्ट, जिसके वैश्विक अनुयायी हैं, ने चमत्कार और समृद्धि का प्रचार किया, उसका चेहरा पूरे शहर में बिलबोर्ड पर था। चर्च के टीवी चैनल ने चंगाई का प्रसारण किया, और इसके स्कूल दान से जगमगा उठे। भीड़ ने दहाड़ लगाई, आशीर्वाद के लिए "बीज" बोए। नाओमी का हैशटैग #GloryArise पूरे अफ्रीका में ट्रेंड कर रहा था। लेकिन चकाचौंध के नीचे, प्रार्थना कम थी, और चढ़ावे से उसके महल का खर्च चलता था। ल्यूक 10:40 में मार्था की तरह, चर्च "बहुत सी बातों को लेकर चिंतित और परेशान था", विश्वास से ज़्यादा प्रसिद्धि का पीछा कर रहा था। यीशु ने अखाड़े के स्टील के दरवाज़ों पर दस्तक दी, लेकिन महत्वाकांक्षा के शोर ने उसे दबा दिया।

2. द नॉक

एक चंगाई धर्मयुद्ध में, जोसेफ नामक एक बूढ़ा उपयाजक खड़ा था। "प्रकाशितवाक्य 2:4 कहता है, 'तुमने वह प्रेम त्याग दिया है जो तुम्हारे पास पहले था,'" उसने चेतावनी दी। "यीशु दस्तक दे रहा है, लेकिन तुमने उसकी वेदी को मंच में बदल दिया है!" नाओमी ने सुरक्षा का

संकेत दिया, लेकिन जोसेफ के शब्दों ने उसे चौंका दिया। उस रात, उसने लूका 10:38-41 पढ़ा, "एक बात ज़रूरी है" के विश्वास के साथ। ग्लोरी एराइज़ के शुरुआती दिन - विनम्र प्रार्थनाएँ, साझा भोजन - तमाशा बनकर रह गए थे। यीशु ने अंतरंगता की पेशकश की, लेकिन महत्वाकांक्षा ने दरवाज़ा बंद कर दिया। नाओमी ने उसकी दस्तक महसूस की, जो उसे पश्चाताप करने के लिए बुला रही थी।

3. संकट

एक खुलासे ने धोखाधड़ी का खुलासा किया: "ठीक" हुए अभिनेताओं को भुगतान किया गया, और अनाथों के लिए धन का दुरुपयोग किया गया। #GloryAriseFraud वायरल हो गया; अखाड़ा खाली हो गया। नाओमी की टीम ने मीडिया अभियान चलाया, लेकिन जोसेफ की चेतावनी - मैथ्यू 23:15 की तबाही - मंडरा रही थी। वह एक सफाईकर्मी, मैरी के नेतृत्व में एक झुग्गी प्रार्थना समूह में गई। उनकी कच्ची पूजा ने ग्लोरी एराइज के भ्रष्टाचार को उजागर किया। नाओमी ने सच्चाई देखी: महत्वाकांक्षा ने एक खोखली वेदी बनाई थी, जो ईश्वर के न्याय को आमंत्रित करती थी।

4. अवशेष

नाओमी ने एक खेत में पश्चाताप सेवा आयोजित की। "हमने यीशु को खो दिया है," वह 2,000 लोगों के सामने रो पड़ी जो वहाँ आए थे। उसने संपत्ति बेचकर गरीबों को धन मुहैया कराया। बचे हुए लोगों - मरियम, यूसुफ और अन्य लोगों ने प्रकाशितवाक्य 2:5 का अध्ययन किया, और

पहले प्यार की ओर लौट आए। लूका 10:42 ने उनका मार्गदर्शन किया: "बेहतर हिस्सा।" उन्होंने सड़क पर रहने वाले बच्चों को खाना खिलाया, भरोसा बहाल किया। एक विधवा को उम्मीद मिली; एक युवा ने पुनरुत्थान का नेतृत्व किया। बचे हुए लोगों ने विश्वास को फिर से बनाया, जिससे यीशु की उपस्थिति का द्वार खुल गया।

5. स्वर्ग की चेतावनी

ग्लोरी एराइज़ का पतन पुनरुत्थान चर्चों को चेतावनी देता है: महत्वाकांक्षा पूजा को भ्रष्ट करती है। प्रकाशितवाक्य 2:5 आग्रह करता है, "पश्चाताप करो और वही काम करो जो तुमने पहले किए थे।" मैथ्यू 23:15 लालची वेदियों के विनाश की भविष्यवाणी करता है। क्या आप प्रसिद्धि या विश्वास का पीछा करेंगे? बचे हुए लोग रास्ता दिखाते हैं: विनम्र, शुद्ध, समर्पित। यीशु के लिए दरवाजा खोलो, नहीं तो तुम्हारा दीया गिर जाएगा। महत्वाकांक्षा के बजाय अंतरंगता चुनें - अभी।

कहानी 15: वैश्विक उत्पीड़न - भूमिगत चर्च - खंडहरों में कानाफूसी

शास्त्र: लूका 10:38-41, प्रकाशितवाक्य 3:8, मत्ती 23:15

1. भ्रम

सीरिया के अलेप्पो में, एक गुप्त चर्च बमबारी से तबाह हुए तहखाने में मिला। पादरी एलियास, एक पूर्व शिक्षक, युद्ध के मलबे के बीच

चालीस विश्वासियों का नेतृत्व कर रहे थे। उन्होंने तस्करी की गई रोटी साझा की, भजन याद किए, और शांति के लिए प्रार्थना की। उत्पीड़न ने उन्हें एक-दूसरे से जोड़ा-बाहरी लोगों ने उनके विश्वास को एक प्रकाश स्तंभ के रूप में देखा। लेकिन कुछ लोगों ने मदद करने के बजाय छिपने को प्राथमिकता दी; दूसरों ने मुखबिरों के डर से नए सदस्यों पर संदेह किया। ल्यूक 10:40 में मार्था की तरह, वे "बहुत सेवा करने से विचलित थे," बलिदान से ज़्यादा जीवित रहना। यीशु ने तहखाने के टूटे हुए दरवाज़े पर दस्तक दी, लेकिन सावधानी ने उनकी आवाज़ को दबा दिया।

2. द नॉक

एक शांत प्रार्थना सभा के दौरान, नूर नामक एक किशोरी ने बात की। "प्रकाशितवाक्य 3:8 कहता है, 'मैंने तुम्हारे सामने एक खुला दरवाज़ा रखा है,'" उसने आग्रह किया। "यीशु दस्तक दे रहा है, लेकिन हम जवाब देने से बहुत डर रहे हैं!" एलियास तनाव में था; नूर की माँ एक छापे में मारी गई थी। उसके शब्द चुभ गए। उस रात, एलियास ने लूका 10:38-41 पढ़ा, "एक बात ज़रूरी है।" चर्च के डर ने यीशु के साहसपूर्वक प्रेम करने के आह्वान को बंद कर दिया था। उसने उसकी दस्तक को महसूस किया, साहस का आग्रह किया।

3. संकट

हवाई हमले में तहखाना खुला। उग्रवादियों ने नूर को गिरफ्तार कर लिया; कुछ विश्वासियों ने भागने के लिए दूसरों को धोखा दिया। बच निकलने के बाद, एलियास ने अपनी कायरता का सामना किया। नूर की चेतावनी-मैथ्यू 23:15 की तबाही-सच साबित हुई। वह एक नर्स फातिमा के नेतृत्व में सीवर में बचे हुए लोगों में शामिल हो गया। उनकी निस्वार्थ प्रार्थनाओं ने चर्च की कायरता को उजागर किया। एलियास ने सच्चाई देखी: डर ने उनके विश्वास को बर्बाद कर दिया था, आत्म-संरक्षण द्वारा अपवित्र कर दिया था।

4. **अवशेष**

एलियास ने बचे हुए लोगों को इकट्ठा किया - फातिमा, नूर (मुक्त), और आठ अन्य। "हमने यीशु को बाहर बंद कर दिया है," उसने कबूल किया। उन्होंने प्रकाशितवाक्य 3:8 का अध्ययन किया, खुले दरवाजे को गले लगाया। बचे हुए लोगों ने पकड़े जाने का जोखिम उठाते हुए शरणार्थियों की मदद की। लूका 10:42 ने उन्हें प्रेरित किया: "बेहतर हिस्सा।" एक सैनिक ने धर्म परिवर्तन किया; एक परिवार को उम्मीद मिली। बचे हुए लोगों के साहस ने खंडहरों को रोशन किया, यीशु की शक्ति के लिए दरवाजा खोल दिया।

5. **स्वर्ग की चेतावनी**

अलेप्पो का मुकदमा भूमिगत चर्चों को चेतावनी देता है: भय यीशु को बाहर निकाल देता है। प्रकाशितवाक्य 3:8 एक खुला दरवाज़ा प्रदान करता है, लेकिन कायरता इसे बंद कर देती है। मैथ्यू 23:15 डरपोक विश्वास के लिए विनाश की भविष्यवाणी करता है। क्या आप छिपेंगे या ठीक होंगे? बचे हुए लोग रास्ता दिखाते हैं: साहसी, निस्वार्थ,

समर्पित। यीशु के मिशन के लिए दरवाज़ा खोलें, या युद्ध आपको तोड़ देगा। जीवित रहने के बजाय अंतरंगता चुनें - अभी।

कहानी 1 6: उत्तरी अमेरिका - हाइपर-ग्रोथ ब्लाइंडनेस - खाली शास्त्रों का साम्राज्य

: लूका 10:38-41, प्रकाशितवाक्य 3:1-3, मत्ती 23:15

1. भ्रम

टोरंटो, कनाडा में, विक्ट्री पॉइंट चर्च एक शानदार परिसर में फैला हुआ है, इसके 12,000 सदस्य कई सेवाओं में भाग लेते हैं। 38 वर्षीय पादरी एथन, जिनके पॉडकास्ट चार्ट में सबसे ऊपर हैं , ने शास्त्रों में छिपी आत्म-सहायता का प्रचार किया। चर्च के ऐप ने दशमांश को गेमिफाई किया, और इसकी कॉन्सर्ट-शैली की पूजा ने प्रभावशाली लोगों को आकर्षित किया। सामुदायिक केंद्रों और वैश्विक लाइवस्ट्रीम ने विक्ट्री पॉइंट को एक आंदोलन बना दिया। एथन के मंत्र, "अपनी जीत को जियो," ने जयकारे लगाए और क्लिप वायरल हो गए। लेकिन चर्च ने परिवर्तन से ज़्यादा मेट्रिक्स-लाइक, सीट्स, डॉलर्स का पीछा किया। ल्यूक 10:40 में मार्था की तरह, वे "बहुत सेवा करने में विचलित थे", एक साम्राज्य का निर्माण कर रहे थे जबकि यीशु ने उनके एलईडी-लाइट वाले दरवाज़ों पर दस्तक दी, उनका आह्वान प्रचार में खो गया।

2. द नॉक

भरी हुई सेवा के दौरान, रूथ नाम की एक सेवानिवृत्त नर्स खड़ी थी। "प्रकाशितवाक्य 3:1 कहता है, 'तुम्हारी प्रतिष्ठा जीवित होने की है, लेकिन तुम मर चुकी हो,'" उसने चेतावनी दी। "यीशु दस्तक दे रहा है, लेकिन तुम उसे ब्रांड करने में बहुत व्यस्त हो!" एथन ने मुस्कुराते हुए उसे

मंच से बाहर निकाल दिया, लेकिन उसके शब्द उसे कुतर रहे थे। उस रात, उसने ल्यूक 10:38-41 पढ़ा, "एक बात ज़रूरी है" के विश्वास के साथ। विजय बिंदु का उन्माद - घटनाएँ, आँकड़े, प्रसिद्धि - मार्था के व्याकुलता को दर्शाता है। यीशु अंतरंगता चाहता था, लेकिन चर्च प्रेरणा बेचता था। रूथ की चेतावनी बनी रही, एथन ने चुप्पी के बीच उद्धारकर्ता की दस्तक महसूस की।

3. संकट

लीक ने कुप्रबंधन को उजागर किया: आउटरीच के लिए फंड ने कार्यकारी वेतन को बढ़ा दिया। #VictoryPointScam ट्रेंड हुआ; उपस्थिति कम हो गई। एथन के बोर्ड ने एक पीआर फिक्स को आगे बढ़ाया, लेकिन रूथ के शब्द - मैथ्यू 23:15 का "उजाड़ का घृणित कार्य" - गूंज उठा। उन्होंने एक चौकीदार, कालेब के नेतृत्व में एक तहखाने के प्रार्थना समूह का दौरा किया। उनकी कच्ची पूजा ने विजय बिंदु के खालीपन को उजागर किया। एथन ने सच्चाई देखी: अति-विकास ने एक मृत चर्च को जन्म दिया था, इसकी प्रतिष्ठा एक झूठ थी (प्रकाशितवाक्य 3:1), भगवान के न्याय को आमंत्रित कर रहा था।

4. अवशेष

एथन ने पार्किंग स्थल में पश्चाताप रैली बुलाई। "हमने यीशु को खो दिया है," उसने 1,500 लोगों के सामने कबूल किया जो वहाँ आए थे। उसने कार्यक्रमों में कटौती की, और ज़रूरतमंदों को धन वापस दिया। बचे हुए लोगों - कालेब, रूत और अन्य लोगों ने प्रकाशितवाक्य 3:2 का अध्ययन किया: "जो बचा है उसे मज़बूत करो।" लूका 10:42 ने उन्हें निर्देशित किया: "बेहतर हिस्सा।" उन्होंने बेघरों के लिए आश्रयों की

सेवा की, भरोसा फिर से बनाया। एक किशोर ने उद्देश्य पाया; एक संशयवादी प्रार्थना में शामिल हुआ। बचे हुए लोगों ने अंतरंगता को चुना, जिससे यीशु की उपस्थिति का द्वार खुल गया।

5. स्वर्ग की चेतावनी

विक्ट्री पॉइंट का पतन अति-विकासशील चर्चों को चेतावनी देता है: प्रसिद्धि धोखा देती है। प्रकाशितवाक्य 3:1 मृत प्रतिष्ठा को उजागर करता है। मैथ्यू 23:15 खोखले साम्राज्यों के विनाश की भविष्यवाणी करता है। क्या आप मीट्रिक या मसीह का पीछा करेंगे? बचे हुए लोग रास्ता दिखाते हैं: विनम्र, समर्पित, समर्पित। यीशु के लिए दरवाजा खोलो, नहीं तो तुम्हारा दीया गिर जाएगा। भ्रम के बजाय अंतरंगता चुनें - अभी।

कहानी 17: दक्षिण अमेरिका - शिष्यत्व शॉर्टकट - बीज जो सूख गया

शास्त्र: लूका 10:38-41, प्रकाशितवाक्य 3:15-16, मत्ती 23:15

1. भ्रम

ब्यूनस आयर्स, अर्जेंटीना में, लूज इटर्ना चर्च में 8,000 सदस्य थे। पादरी सोफिया, एक जीवंत 42 वर्षीय, ने भावना-उत्साह भरे संदेश प्रचारित किए, न्यूनतम शिक्षण के साथ हर महीने सैकड़ों लोगों को बपतिस्मा दिया। आकर्षक रिट्रीट और सोशल मीडिया अभियानों ने युवाओं को

आकर्षित किया, उनके #LuzEterna पोस्ट ट्रेंड कर रहे थे। चर्च की तीव्र वृद्धि ने इसके कांच के अभयारण्य को भर दिया, "पांच चरणों में विश्वास" का वादा किया। लेकिन धर्मांतरित लोग बह गए, जड़ से उखड़ गए; नेताओं ने लोकप्रियता के लिए जवाबदेही को छोड़ दिया। लूका 10:40 में मार्था की तरह, लूज इटर्ना "बहुत सी बातों के बारे में चिंतित और परेशान था", उथले बीज बो रहा था जबकि यीशु ने इसके आधुनिक दरवाजों पर दस्तक दी, उसका आह्वान जयकारों में डूब गया।

2. द नॉक

बपतिस्मा समारोह में डिएगो नामक एक मिशनरी खड़ा था। उसने चेतावनी दी, "प्रकाशितवाक्य 3:15 कहता है, 'तुम गुनगुने हो।'" "यीशु दस्तक दे रहा है, लेकिन तुम्हारे शॉर्टकट उसे बाहर कर देते हैं!" सोफिया ने उसे टाल दिया, लेकिन उसके शब्द याद रहे। उस रात, उसने लूका 10:38-41 पढ़ा, "एक बात ज़रूरी है।" लूज़ इटर्ना के त्वरित धर्मांतरण ने महंगी शिष्यता को छोड़ दिया। यीशु ने गहराई की पेशकश की, लेकिन चर्च ने सहजता को चुना। डिएगो की चेतावनी गूंज उठी, सोफिया ने उद्धारकर्ता की दस्तक को महसूस किया।

3. संकट

एक घोटाला सामने आया: एक नेता का मामला, जिसे ढीली निगरानी के कारण अनदेखा किया गया, ने आक्रोश को जन्म दिया। सदस्य चले गए; #LuzEternaLies ट्रेंड करने लगा। सोफिया की टीम ने मार्केटिंग की योजना बनाई, लेकिन डिएगो के शब्द - मैथ्यू 23:15 की बर्बादी - ने

उसे परेशान कर दिया। वह एक शिक्षिका, क्लारा के नेतृत्व में एक छोटे से बाइबल अध्ययन में शामिल हुई। उनकी गहन चर्चाओं ने लूज इटर्ना की उथल-पुथल को उजागर कर दिया। सोफिया ने सच्चाई देखी: शॉर्टकट ने एक गुनगुनी फसल बोई थी, जो उगलने के लिए तैयार थी (प्रकाशितवाक्य 3:16)।

4. **अवशेष**

सोफिया ने प्लाजा में खुलेआम स्वीकारोक्ति की। उसने वहाँ रुके 2,000 लोगों से कहा, "हमने यीशु को निराश किया है।" उसने उथले बपतिस्मा की जगह पर मार्गदर्शन शुरू किया। बचे हुए लोगों-क्लारा, डिएगो और अन्य लोगों ने लूका 10:42 के "बेहतर हिस्से" को अपनाया। उन्होंने युवाओं को शिष्य बनाया, विश्वास बहाल किया। संघर्षरत पिता को ताकत मिली; एक किशोर ने एक दोस्त को मसीह के पास पहुँचाया। बचे हुए लोगों ने गहरी जड़ें जमा लीं, यीशु की सच्चाई के लिए दरवाज़ा खोल दिया।

5. **स्वर्ग की चेतावनी**

लूज इटर्ना का पतन चर्चों को शॉर्टकट अपनाने की चेतावनी देता है: गुनगुना विश्वास अस्वीकृति को आमंत्रित करता है (प्रकाशितवाक्य 3:16)। मैथ्यू 23:15 उथले बीजों के लिए विनाश की भविष्यवाणी करता है। क्या आप विकास में जल्दबाजी करेंगे या उसका पोषण करेंगे? बचे हुए लोग रास्ता दिखाते हैं: धैर्यवान, जड़ जमाए हुए, समर्पित। यीशु की गहराई का द्वार खोलें, नहीं तो आपकी फसल सूख जाएगी। सहजता के बजाय अंतरंगता चुनें - अभी।

कहानी 18: वैश्विक उत्पीड़न - भूमिगत चर्च - मौन में चिंगारी

शास्त्र: लूका 10:38-41, प्रकाशितवाक्य 2:10, मत्ती 23:15

1. भ्रम

लाहौर, पाकिस्तान में, एक गुप्त चर्च एक तंग अटारी में मिला। पादरी फ़ारुक, जो एक पूर्व दर्जी थे, ने तीस विश्वासियों का नेतृत्व किया, उनकी प्रार्थनाएँ चरमपंथी धमकियों से बचने के लिए फुसफुसायी गईं। उन्होंने तस्करी से लाए गए शास्त्रों को साझा किया, एक-दूसरे के घावों पर पट्टी बाँधी, और धर्मांतरित लोगों को छिपाया। उत्पीड़न ने एकता को बढ़ावा दिया - बाहरी लोगों ने उन्हें उज्ज्वल देखा। लेकिन कुछ लोगों ने विश्वासघात के डर से बाहर निकलने से इनकार कर दिया; अन्य लोग पुराने घावों को सहते हुए, द्वेष से चिपके रहे। ल्यूक 10:40 में मार्था की तरह, वे "बहुत सेवा करने से विचलित थे," अस्तित्व बलिदान को ग्रहण कर रहा था। यीशु ने अटारी के जाल के दरवाजे पर दस्तक दी, लेकिन डर ने उसकी आवाज़ को दबा दिया।

2. द नॉक

एक शांत बैठक के दौरान, आयशा नाम की एक युवा धर्मांतरित महिला ने बात की। उसने आग्रह किया, "प्रकाशितवाक्य 2:10 कहता है, 'मृत्यु

तक विश्वासयोग्य रहो।'" "यीशु दस्तक दे रहा है, लेकिन हम उसे डर से चुप करा रहे हैं!" फ़ारूक ने आह भरी; आयशा के भाई को मार दिया गया था। उसकी हिम्मत डगमगा गई। उस रात, फ़ारूक ने लूका 10:38-41 पढ़ा, "एक बात ज़रूरी है।" चर्च की सावधानी ने यीशु के साहसपूर्वक प्रेम करने के आह्वान को रोक दिया था। उसने निडर विश्वास का आग्रह करते हुए उसकी दस्तक महसूस की।

3. संकट

एक देशद्रोही की सूचना पर छापा मारा गया। आयशा को गिरफ्तार कर लिया गया; कुछ विश्वासी भाग गए, अन्य ने सामान जमा कर लिया। फारूक को बख्श दिया गया, लेकिन उसे अपनी कायरता का सामना करना पड़ा। आयशा की चेतावनी-मैथ्यू 23:15 की तबाही-सच साबित हुई। वह इमरान नामक एक मोची के नेतृत्व में सीवर में बचे हुए लोगों में शामिल हो गया। उनकी निस्वार्थ पूजा ने चर्च की दुर्भावना को उजागर कर दिया। फारूक ने सच्चाई देखी: डर ने उनकी चमक को कम कर दिया था, परीक्षण के दौरान उनके विश्वास को दूषित कर दिया था।

4. अवशेष

फ़ारूक ने बचे हुए लोगों को इकट्ठा किया - इमरान, आयशा (रिहा), और दस अन्य। "हमने यीशु को बाहर कर दिया है," उसने कबूल किया। उन्होंने प्रकाशितवाक्य 2:10 का अध्ययन किया, और महँगी

वफ़ादारी को अपनाया। बचे हुए लोगों ने मौत का जोखिम उठाते हुए सताए गए परिवारों की मदद की। लूका 10:42 ने उन्हें प्रेरित किया: "बेहतर हिस्सा।" एक पड़ोसी ने धर्म परिवर्तन किया; एक बच्चे को उम्मीद मिली। बचे हुए लोगों के साहस ने चुप्पी को रोशन किया, जिससे यीशु की शक्ति का द्वार खुल गया।

5. **स्वर्ग की चेतावनी**

लाहौर के मुकदमे ने भूमिगत चर्चों को चेतावनी दी है: भय विश्वास को खत्म कर देता है। प्रकाशितवाक्य 2:10 मृत्यु तक विश्वासयोग्य बने रहने का आह्वान करता है। मैथ्यू 23:15 डरपोक चिंगारियों के लिए विनाश का संकेत देता है। क्या आप छिपेंगे या चमकेंगे? बचे हुए लोग रास्ता दिखाते हैं: साहसी, क्षमाशील, समर्पित। यीशु के मिशन के लिए दरवाज़ा खोलें, अन्यथा उत्पीड़न आपको धुंधला कर देगा। जीवित रहने के बजाय अंतरंगता चुनें - अभी।

कहानी 1 9: उत्तरी अमेरिका - हाइपर-ग्रोथ ब्लाइंडनेस - द टॉवर ऑफ ट्रायम्फ

शास्त्र: लूका 10:38-41, प्रकाशितवाक्य 3:1-3, मत्ती 23:15

1. भ्रम

अटलांटा, जॉर्जिया में, ट्रायम्फ सिटी चर्च 15,000 सीटों वाले अखाड़े से जगमगा उठा। पादरी मार्कस, एक 45 वर्षीय रियलिटी टीवी शो के साथ, सिनेमाई स्वभाव के साथ सशक्तिकरण का प्रचार करते थे। चर्च का ऐप "आध्यात्मिक लक्ष्यों" को ट्रैक करता था, और इसके पूजा संगीत कार्यक्रम स्टेडियमों से भरे होते थे। आउटरीच कार्यक्रमों और वैश्विक मिशनों ने इसके #ट्रायम्फ सिटी ब्रांड को बढ़ावा दिया। मार्कस का नारा, "महानता की ओर बढ़ो," वायरल पोस्ट को प्रेरित करता है। लेकिन चर्च पवित्रता से ज़्यादा मेट्रिक्स-उपस्थिति, दान, विचार-का पीछा करता रहा। ल्यूक 10:40 में मार्था की तरह, ट्रायम्फ सिटी "बहुत सेवा करने में व्यस्त" थी, सफलता का एक टॉवर बना रही थी जबकि यीशु इसके स्टील के दरवाज़ों पर दस्तक दे रहे थे, उनका आह्वान तमाशे में खो गया था।

2. द नॉक

लाइवस्ट्रीम की गई सेवा में, एस्तेर नाम की एक दादी ने बीच में टोका। "प्रकाशितवाक्य 3:1 कहता है, 'तुम्हारी प्रतिष्ठा जीवित होने की है, लेकिन तुम मर चुकी हो,'" वह रो पड़ी। "यीशु दस्तक दे रहा है, लेकिन तुम उसे कम आंक रही हो!" मार्कस ने सुरक्षा का संकेत दिया, लेकिन

उसके शब्द चुभ गए। उस रात, उसने ल्यूक 10:38-41 पढ़ा, "एक बात ज़रूरी है" के विश्वास के साथ। ट्रायम्फ सिटी का विकास - घटनाएँ, प्रसिद्धि, ब्रांडिंग - मार्था के व्याकुलता को दर्शाता है। यीशु ने अंतरंगता चाही, लेकिन चर्च ने महिमा का सौदा किया। एस्तेर की चेतावनी गूंज उठी, मार्कस ने उद्धारकर्ता की दस्तक महसूस की।

3. संकट

एक मुखबिर ने धोखाधड़ी का पर्दाफाश किया: मिशन के फंड ने मार्कस की जीवनशैली को बढ़ावा दिया। #ट्रायम्फफ्रॉड ट्रेंड हुआ; सदस्य भाग गए। बोर्ड ने मीडिया अभियान चलाया, लेकिन एस्तेर के शब्द - मैथ्यू 23:15 का "घृणित उजाड़" - मार्कस को परेशान करता रहा। वह एक चर्च के गैरेज में एक प्रार्थना समूह में गया, जिसका नेतृत्व एक बरिस्ता, डैनियल कर रहा था। उनकी कच्ची पूजा ने ट्रायम्फ सिटी के खालीपन को उजागर कर दिया। मार्कस ने सच्चाई देखी: अति-विकास ने एक मृत चर्च का निर्माण किया था, इसकी प्रतिष्ठा एक दिखावा थी (प्रकाशितवाक्य 3:1), न्याय के लिए तैयार।

4. अवशेष

मार्कस ने एक पार्क में पश्चाताप सभा आयोजित की। “हमने यीशु को खो दिया है,” उसने 2,000 लोगों के सामने कबूल किया जो वहाँ रुके थे। उसने कार्यक्रमों में कटौती की, धन को गरीबों की ओर पुनर्निर्देशित किया। बचे हुए लोगों- दानिय्येल, एस्तेर और अन्य लोगों ने प्रकाशितवाक्य 3:2 का अध्ययन किया: “जो बचा है उसे मजबूत करो।” लूका 10:42 ने उनका मार्गदर्शन किया: “बेहतर भाग।” उन्होंने आश्रयों की सेवा की, विश्वास बहाल किया। एक बेघर आदमी ने

विश्वास पाया; एक युवा ने आउटरीच का नेतृत्व किया। बचे हुए लोगों ने अंतरंगता को चुना, यीशु की उपस्थिति का द्वार खोला।

5. स्वर्ग की चेतावनी

ट्राइंफ सिटी का पतन अति-विकासशील चर्चों को चेतावनी देता है: प्रतिष्ठा धोखा देती है। प्रकाशितवाक्य 3:1 मृत मुखौटों को उजागर करता है। मैथ्यू 23:15 खाली टावरों के लिए उजाड़ की भविष्यवाणी करता है। क्या आप महानता या मसीह का पीछा करेंगे? बचे हुए लोग रास्ता दिखाते हैं: विनम्र, समर्पित, समर्पित। यीशु के लिए दरवाजा खोलो, नहीं तो तुम्हारा दीया गिर जाएगा। भ्रम के बजाय अंतरंगता चुनें - अभी।

कहानी 2 0: एशिया - उत्पीड़न का शुद्धिकरण - नदी का उद्धार

शास्त्र: लूका 10:38-41, प्रकाशितवाक्य 2:10, मत्ती 23:15

1. भ्रम

म्यांमार के एक जंगल के गाँव में, इरावदी नदी के किनारे एक गुप्त चर्च था। पादरी थांग, जो एक पूर्व मछुआरा था, चालीस विश्वासियों को एक बांस की झोपड़ी में ले गया, उनके भजन सैन्य गश्त से बचने के लिए शांत थे। उन्होंने चावल बाँटे, पवित्र शास्त्र को याद किया, और धर्मांतरित लोगों को छिपाया। उत्पीड़न ने लचीलापन पैदा किया -

बाहरी लोगों ने उन्हें उज्ज्वल के रूप में देखा। लेकिन कुछ ने छापे के डर से आपूर्ति जमा कर ली; दूसरों ने विश्वासघात के डर से अजनबियों से दूरी बना ली। ल्यूक 10:40 में मार्था की तरह, वे "बहुत सेवा करने में विचलित थे," जीवित रहने के कारण बलिदान पर हावी हो गए। यीशु ने झोपड़ी के बुने हुए दरवाजे पर दस्तक दी, लेकिन डर ने उनकी पुकार को दबा दिया।

2. द नॉक

भोर की प्रार्थना के दौरान, ऐ नाम की एक किशोरी ने बात की। उसने आग्रह किया, "प्रकाशितवाक्य 2:10 कहता है, 'मृत्यु तक विश्वासयोग्य रहो।'" "यीशु दस्तक दे रहा है, लेकिन हम उसकी पुकार से छिप रहे हैं!" थांग भड़क उठी; ऐ के पिता को जेल हो चुकी थी। उसकी हिम्मत डगमगा गई। उस रात, थांग ने लूका 10:38-41 पढ़ा, "एक बात ज़रूरी है।" चर्च की सावधानी - संचय, अलगाव - मार्था के व्याकुलता को दर्शाती थी। यीशु ने मुक्ति की पेशकश की, लेकिन डर ने दरवाज़ा बंद कर दिया। थांग ने उसकी दस्तक महसूस की, साहस का आग्रह किया।

3. संकट

सैनिकों ने एक गुप्त सूचना के बाद झोपड़ी को जलाकर नष्ट कर दिया। ऐ को गिरफ्तार कर लिया गया; कुछ विश्वासी भाग गए, अन्य ने भोजन छिपा दिया। बख्शे जाने पर थांग को अपनी कायरता का सामना करना पड़ा। ऐ की चेतावनी - मैथ्यू 23:15 की तबाही - सच

साबित हुई। वह नदी के किनारे बचे हुए लोगों में शामिल हो गया, जिसका नेतृत्व एक किसान, ज़ॉ कर रहा था। उनकी निस्वार्थ प्रार्थनाओं ने चर्च के स्वार्थ को उजागर कर दिया। थांग ने सच्चाई देखी: उत्पीड़न ने एक खोखला विश्वास प्रकट किया था, जो भय से दूषित था, झोपड़ी की राख आध्यात्मिक बर्बादी का संकेत थी।

4. **अवशेष**

थांग ने बचे हुए लोगों को इकट्ठा किया - ज़ॉ, ऐ (मुक्त), और दस अन्य - एक गुफा में। "हमने यीशु को बाहर कर दिया है," उसने कबूल किया। उन्होंने प्रकाशितवाक्य 2:10 का अध्ययन किया, और महंगी वफ़ादारी को अपनाया। बचे हुए लोगों ने पकड़े जाने का जोखिम उठाते हुए, ग्रामीणों के साथ फसलें साझा कीं। लूका 10:42 ने उन्हें प्रेरित किया: "बेहतर हिस्सा।" एक सैनिक ने धर्म परिवर्तन किया; एक परिवार पूजा में शामिल हुआ। बचे हुए लोगों के साहस ने नदी के किनारे को रोशन किया, जिससे यीशु की शक्ति का द्वार खुल गया।

5. **स्वर्ग की चेतावनी**

झोपड़ी का विनाश सताए गए चर्चों को चेतावनी देता है: भय विश्वास को धोखा देता है। प्रकाशितवाक्य 2:10 मृत्यु तक विश्वासयोग्य बने रहने का आह्वान करता है। मत्ती 23:15 डरपोक दिलों के लिए विनाश का संकेत देता है। क्या आप जमा करेंगे या देंगे? बचे हुए लोग रास्ता दिखाते हैं: साहसी, निस्वार्थ, समर्पित। यीशु के मिशन के लिए दरवाज़ा खोलें, नहीं तो उत्पीड़न आपको तोड़ देगा। जीवित रहने के बजाय अंतरंगता चुनें - अभी।

कहानी 21: अफ्रीका - पुनरुद्धार भ्रष्टाचार - वह ज्वाला जिसने अंधा कर दिया

शास्त्र: लूका 10:38-41, प्रकाशितवाक्य 2:4-5, मत्ती 23:15

1. भ्रम

दक्षिण अफ्रीका के केप टाउन में रेडिएंट होप चर्च ने 10,000 सीटों वाले गुंबद को धड़कते हुए पुनरुत्थान से भर दिया। 40 वर्षीय करिश्माई पादरी थांडी ने चमत्कारों का प्रचार किया, उनके धर्मयुद्ध को सैटेलाइट टीवी पर प्रसारित किया गया। दान से अनाथालय और स्टूडियो बनाए गए, उनका #रेडिएंटहोप हैशटैग ट्रेंड कर रहा था। समृद्धि के लिए "बीज" बोते हुए, चंगाई के लिए भीड़ उमड़ पड़ी। लेकिन प्रार्थना कम हो गई; थांडी की विलासिता को दान से पूरा किया गया। ल्यूक 10:40 में मार्था की तरह, चर्च "बहुत सेवा करने में व्यस्त" था, पुनरुत्थान की लपटों का पीछा करते हुए जबकि यीशु ने इसके कांच के दरवाजों पर दस्तक दी, उनकी पुकार गर्जना में खो गई।

2. द नॉक

चमत्कार रैली में, सिफो नामक एक बुजुर्ग खड़ा था। "प्रकाशितवाक्य 2:4 कहता है, 'तुमने अपना पहला प्यार त्याग दिया है,'" उसने चेतावनी दी। "यीशु दस्तक दे रहा है, लेकिन तुमने उसे प्रसिद्धि के लिए बेच दिया है!" थांडी ने उसे विदा किया, लेकिन उसके शब्द रुके रहे। उस रात, उसने ल्यूक 10:38-41 पढ़ा, "एक बात ज़रूरी है" के विश्वास के साथ। रेडिएंट होप के शुरुआती दिन - उत्कट प्रार्थना, साझा प्यार - तमाशा

बनकर रह गए थे। यीशु ने अंतरंगता चाही, लेकिन महत्वाकांक्षा ने दरवाज़ा बंद कर दिया। सिफो की चेतावनी गूंज उठी, थांडी ने उसकी दस्तक महसूस की।

3. **संकट**

एक खुलासे में दिखावटी उपचार और धन के दुरुपयोग का खुलासा हुआ। #रेडिएंटफ्रॉड ट्रेंड हुआ; गुंबद खाली हो गया। थांडी की टीम ने एक पीआर फिक्स को आगे बढ़ाया, लेकिन सिफो के शब्द - मैथ्यू 23:15 की वीरानी - ने उसे परेशान कर दिया। वह एक टाउनशिप प्रार्थना समूह में शामिल हो गई जिसका नेतृत्व एक सीमस्ट्रेस, निया कर रही थी। उनकी कच्ची पूजा ने रेडिएंट होप के भ्रष्टाचार को उजागर किया। थांडी ने सच्चाई देखी: महत्वाकांक्षा ने चर्च को अंधा कर दिया था, इसका पुनरुद्धार एक खोखली आग थी जो न्याय को आमंत्रित कर रही थी (प्रकाशितवाक्य 2:5)।

4. **अवशेष**

थांडी ने एक खेत में पश्चाताप सेवा आयोजित की। "हमने यीशु को खो दिया है," वह 1,500 लोगों के सामने रो पड़ी जो वहाँ आए थे। उसने संपत्ति बेचकर गरीबों को धन मुहैया कराया। बचे हुए लोगों - निया, सिफो और अन्य लोगों ने प्रकाशितवाक्य 2:5 का अध्ययन किया, और पहले प्यार की ओर लौट आए। लूका 10:42 ने उनका मार्गदर्शन किया: "बेहतर हिस्सा।" उन्होंने अनाथों को खाना खिलाया, भरोसा बहाल

किया। एक विधवा को उम्मीद मिली; एक किशोर ने पुनरुत्थान का नेतृत्व किया। बचे हुए लोगों ने विश्वास को फिर से जगाया, जिससे यीशु की उपस्थिति का द्वार खुल गया।

5. स्वर्ग की चेतावनी

रेडियंट होप का पतन पुनरुत्थान चर्चों को चेतावनी देता है: महत्वाकांक्षा अंधा कर देती है। प्रकाशितवाक्य 2:5 आग्रह करता है, "पश्चाताप करो और वही काम करो जो तुमने पहले किए थे।" मैथ्यू 23:15 भ्रष्ट वेदियों के विनाश की भविष्यवाणी करता है। क्या आप प्रसिद्धि या विश्वास का पीछा करेंगे? बचे हुए लोग रास्ता दिखाते हैं: विनम्र, शुद्ध, समर्पित। यीशु के लिए दरवाजा खोलो, नहीं तो तुम्हारी ज्वाला बुझ जाएगी। महत्वाकांक्षा के बजाय अंतरंगता चुनें - अभी।

कहानी 22: उत्तरी अमेरिका - हाइपर-ग्रोथ ब्लाइंडनेस - द मिराज ऑफ मोमेंटम

शास्त्र: लूका 10:38-41, प्रकाशितवाक्य 3:1-3, मत्ती 23:15

1. भ्रम

फीनिक्स, एरिजोना में, राइजअप चर्च 10,000 सीटों वाले परिसर में फल-फूल रहा था, इसका नियॉन क्रॉस मीलों दूर से दिखाई देता था। YouTube साम्राज्य वाले 40 वर्षीय पादरी जॉर्डन ने TED टॉक

पॉलिश के साथ उद्देश्य का प्रचार किया। चर्च के ऐप ने "विश्वास हैक" की पेशकश की, और इसके त्यौहारों में हज़ारों लोग आते थे। मिशन ट्रिप और वायरल अभियानों ने #RiseUpNow को बढ़ावा दिया। जॉर्डन की टैगलाइन, "मोमेंटम फॉर जीसस" ने जयकारे लगाए। लेकिन चर्च ने विकास का पीछा किया - मेट्रिक्स, स्ट्रीम, स्वैग - ईश्वरीयता से ज़्यादा। ल्यूक 10:40 में मार्था की तरह, राइजअप "बहुत सेवा करने में विचलित" था, एक मृगतृष्णा खड़ी कर रहा था जबकि यीशु उसके कांच के दरवाज़े खटखटा रहे थे, उनकी पुकार शोरगुल में खो गई।

2. द नॉक

एक बड़ी सेवा के दौरान, क्लारा नामक एक सेवानिवृत्त व्यक्ति खड़ी थी। "प्रकाशितवाक्य 3:1 कहता है, 'तुम्हारी प्रतिष्ठा जीवित होने की है, लेकिन तुम मर चुके हो,'" उसने चेतावनी दी। "यीशु दस्तक दे रहा है, लेकिन तुम उसका विपणन कर रहे हो!" जॉर्डन ने इसे हंसी में उड़ा दिया, लेकिन उसके शब्द चुभ गए। उस रात, उसने ल्यूक 10:38-41 पढ़ा, "एक बात ज़रूरी है" के विश्वास के साथ। राइज़अप का उन्माद - घटनाएँ, क्लिक, प्रभाव - मार्था के व्याकुलता को दर्शाता है। यीशु अंतरंगता चाहता था, लेकिन चर्च ने गति को बेचा। क्लारा की आवाज़ रुकी, जॉर्डन ने उद्धारकर्ता की दस्तक महसूस की।

3. संकट

एक घोटाला सामने आया: उपस्थिति की बढ़ी हुई रिपोर्ट ने वित्तीय अनियमितताओं को छिपा दिया। #RiseUpRuse ट्रेंड हुआ; भीड़ कम

हो गई। जॉर्डन की टीम ने रीब्रांड को आगे बढ़ाया, लेकिन क्लारा की चेतावनी - मैथ्यू 23:15 का "घृणित उजाड़" - गूंज उठा। उन्होंने एक मैकेनिक ल्यूक के नेतृत्व में चर्च शेड में एक प्रार्थना मंडली का दौरा किया। उनकी कच्ची पूजा ने राइजअप के खोखलेपन को उजागर कर दिया। जॉर्डन ने सच्चाई देखी: अति-विकास ने एक मृत चर्च को जन्म दिया था, इसकी प्रतिष्ठा एक मृगतृष्णा थी (प्रकाशितवाक्य 3:1), जो ईश्वर के न्याय को आमंत्रित करती है।

4. अवशेष

जॉर्डन ने एक खेत में पश्चाताप की बैठक बुलाई। "हमने यीशु को खो दिया है," उसने 1,200 लोगों के सामने कबूल किया जो वहीं रुके थे। उसने आकर्षक कार्यक्रमों को समाप्त कर दिया, स्थानीय जरूरतों को पूरा किया। बचे हुए लोगों- ल्यूक, क्लारा और अन्य लोगों ने प्रकाशितवाक्य 3:2 का अध्ययन किया: "जो बचा है उसे मजबूत करो।" ल्यूक 10:42 ने उनका मार्गदर्शन किया: "बेहतर हिस्सा।" उन्होंने खाद्य बैंकों की सेवा की, भरोसा फिर से बनाया। एक अनुभवी व्यक्ति को उम्मीद मिली; एक किशोर ने आउटरीच का नेतृत्व किया। बचे हुए लोगों ने अंतरंगता को चुना, जिससे यीशु की उपस्थिति का द्वार खुल गया।

5. स्वर्ग की चेतावनी

राइज़अप का पतन अति-विकासशील चर्चों को चेतावनी देता है: गति धोखा देती है। रहस्योद्घाटन 3:1 मृत प्रतिष्ठा को उजागर करता है। मैथ्यू 23:15 खोखले मृगतृष्णाओं के लिए विनाश की भविष्यवाणी करता है। क्या आप प्रभाव या मसीह का पीछा करेंगे? शेष लोग रास्ता

दिखाते हैं: विनम्र, समर्पित, समर्पित। यीशु के लिए दरवाजा खोलें, या आपका दीया गिर जाएगा। भ्रम के बजाय अंतरंगता चुनें - अभी।

कहानी 2 3: यूरोप - मृत परंपरा - परंपरा की कब्र

शास्त्र: लूका 10:38-41, प्रकाशितवाक्य 2:5, मत्ती 23:15

1. भ्रम

इटली के रोम में, सांता क्रोस बेसिलिका आस्था के अवशेष के रूप में खड़ा था, इसके संगमरमर के हॉल इतिहास से गूंज रहे थे। 50 वर्षीय विद्वान फादर मैटेओ ने पर्यटकों और घटते झुंड के लिए शाम की प्रार्थना का नेतृत्व किया। ऑर्गन बज रहा था, और अवशेषों ने लोगों को आकर्षित किया, जिससे संरक्षण के लिए धन जुटाया गया। मैटेओ ने पूजा-पाठ की लय को संजोया, इसे भक्ति के रूप में देखा। लेकिन सेवाएँ रटी-रटाई थीं, दिल अविचलित थे। ल्यूक 10:40 में मार्था की तरह, सांता क्रोस "बहुत सेवा करने में व्यस्त" था, परंपरा को संरक्षित करते हुए जबकि यीशु ने इसके प्राचीन दरवाजों पर दस्तक दी, उसका आह्वान मंत्रोच्चार में खो गया।

2. द नॉक

सेलम नामक एक इथियोपियाई प्रवासी खड़ा था। "प्रकाशितवाक्य 2:5 कहता है, 'याद करो कि तुम कहाँ से गिरे हो; पश्चाताप करो,'" उसने आग्रह किया। "यीशु दस्तक दे रहा है, लेकिन तुम उसकी नहीं, बल्कि अनुष्ठान की पूजा करते हो!" मैटेओ ने उसे बाहर ले जाते हुए

झल्लाहट दिखाई, लेकिन उसके शब्द याद नहीं रहे। उस रात, उसने ल्यूक 10:38-41 पढ़ा, "एक बात ज़रूरी है।" सांता क्रोस के समारोह, जो कभी जीवित थे, अब एक कब्र बन गए थे। यीशु ने पुनरुद्धार की मांग की, लेकिन परंपरा ने दरवाज़ा बंद कर दिया। सेलम की चेतावनी गूंज उठी, मैटेओ ने उसकी दस्तक महसूस की।

3. संकट

अवशेषों की चोरी ने आक्रोश को जन्म दिया, जिससे लापरवाह प्रबंधन उजागर हुआ। दान सूख गया; बेसिलिका खाली हो गई। मैटेओ के साथियों ने जीर्णोद्धार योजनाओं को आगे बढ़ाया, लेकिन सेलम के शब्द - मैथ्यू 23:15 की वीरानी - ने उसे परेशान कर दिया। वह एक कब्र में एक युवा प्रार्थना समूह में शामिल हो गया, जिसका नेतृत्व एक बरिस्ता, गिउलिया कर रही थी। उनकी उत्कट पूजा ने सांता क्रोस की बेजानता को उजागर किया। मैटेओ ने सच्चाई देखी: परंपरा ने विश्वास को दफना दिया था, न्याय को आमंत्रित किया (प्रकाशितवाक्य 2:5)।

4. अवशेष

मैटेओ ने मठ में जागरण किया। "हमने यीशु को खो दिया है," उसने वहाँ आए 300 लोगों के सामने कबूल किया। उसने धूमधाम को शास्त्र अध्ययन के लिए बदल दिया। बचे हुए लोगों - गिउलिया, सेलम और अन्य लोगों ने पश्चाताप करने के लिए प्रकाशितवाक्य 2:5 के आह्वान को अपनाया। लूका 10:42 ने उनका मार्गदर्शन किया: "बेहतर हिस्सा।"

उन्होंने प्रवासियों की सेवा की, पूजा को पुनर्जीवित किया। एक संशयवादी ने विश्वास पाया; एक परिवार ने सुलह की। बचे हुए लोगों ने जीवन की सांस ली, यीशु की उपस्थिति का द्वार खोला।

5. स्वर्ग की चेतावनी

सांता क्रोस का खंडहर यूरोप के चर्चों को चेतावनी देता है: यीशु के बिना परंपरा मृत्यु है। प्रकाशितवाक्य 2:5 आग्रह करता है, "पहले जो काम तुमने किए थे, वही करो।" मैथ्यू 23:15 बेजान अनुष्ठानों के लिए विनाश की भविष्यवाणी करता है। क्या आप रूप-रंग या आस्था से चिपके रहेंगे? बचे हुए लोग रास्ता दिखाते हैं: जीवित, विनम्र, समर्पित। यीशु के लिए दरवाज़ा खोलो, नहीं तो तुम्हारा दीया गिर जाएगा। संस्था के बजाय अंतरंगता चुनें - अभी।

कहानी 24: दक्षिण अमेरिका - शिष्यत्व शॉर्टकट - द हार्वेस्ट अनरूटेड

शास्त्र: लूका 10:38-41, प्रकाशितवाक्य 3:15-16, मत्ती 23:15

1. भ्रम

कोलंबिया के बोगोटा में कैमिनो डे विडा चर्च में 6,000 सदस्य हो गए। पादरी वेलेरिया, एक 37 वर्षीय प्रभावशाली व्यक्ति, ने त्वरित-समाधान विश्वास का प्रचार किया, सैकड़ों लोगों को न्यूनतम अनुवर्ती कार्रवाई के साथ बपतिस्मा दिया। आकर्षक रैलियों और TikTok चुनौतियों ने

युवाओं को आकर्षित किया, #CaminoVida ट्रेंड कर रहा था। चर्च के विकास ने इसके LED-लाइट हॉल को भर दिया, "साधारण मोक्ष" का वादा किया। लेकिन धर्मांतरित लोग चूक गए, उन्हें कोई मार्गदर्शन नहीं मिला; नेताओं ने प्रचार के लिए गहराई को अनदेखा कर दिया। ल्यूक 10:40 में मार्था की तरह, कैमिनो डे विडा "बहुत सेवा करने से विचलित हो गया", उथली जड़ें बोते हुए जबकि यीशु ने इसके आधुनिक दरवाजों पर दस्तक दी, उनकी पुकार तालियों में डूब गई।

2. द नॉक

बपतिस्मा समारोह में, मिगुएल नामक एक पादरी खड़ा था। "प्रकाशितवाक्य 3:15 कहता है, 'तुम गुनगुने हो,'" उसने चेतावनी दी। "यीशु दस्तक दे रहा है, लेकिन तुम्हारे शॉर्टकट उसे बाहर कर देते हैं!" वेलेरिया ने उपहास किया, लेकिन उसके शब्द प्रभावित हुए। उस रात, उसने ल्यूक 10:38-41 पढ़ा, "एक बात ज़रूरी है" के विश्वास के साथ। कैमिनो डे विडा के तेज़ बपतिस्मा ने शिष्यत्व को छोड़ दिया। यीशु ने गहराई की पेशकश की, लेकिन चर्च ने चमक को चुना। मिगुएल की चेतावनी बनी रही, वेलेरिया ने उसकी दस्तक को महसूस किया।

3. संकट

एक त्रासदी घटी: एक नए धर्मांतरित व्यक्ति की आत्महत्या, जिसे अप्रशिक्षित नेताओं द्वारा नजरअंदाज किया गया, ने आक्रोश को जन्म दिया। #CaminoFail ट्रेंड हुआ; सदस्य चले गए। वेलेरिया की टीम ने

एक पीआर धुरी की योजना बनाई, लेकिन मिगुएल के शब्द - मैथ्यू 23:15 की वीरानी - ने उसे परेशान कर दिया। वह एक नर्स, रोजा के नेतृत्व में एक बैरियो में बाइबिल अध्ययन में शामिल हुई। उनके गहरे विश्वास ने कैमिनो डे विडा की उथल-पुथल को उजागर किया। वेलेरिया ने सच्चाई देखी: शॉर्टकट ने एक गुनगुनी फसल उगाई थी, जो थूकने के लिए तैयार थी (प्रकाशितवाक्य 3:16)।

4. **अवशेष**

वेलेरिया ने एक पार्क में एक स्वीकारोक्ति की। उसने वहाँ रुके 1,800 लोगों से कहा, "हमने यीशु को निराश किया है।" उसने त्वरित समाधान की जगह पर मार्गदर्शन शुरू किया। बचे हुए लोगों - रोजा, मिगुएल और अन्य लोगों ने लूका 10:42 के "बेहतर हिस्से" को अपनाया। उन्होंने युवाओं को शिष्य बनाया, भरोसा बहाल किया। एक विधवा को उद्देश्य मिला; एक किशोर ने एक दोस्त को मसीह के पास पहुँचाया। बचे हुए लोगों ने गहरी जड़ें जमा लीं, यीशु की सच्चाई के लिए दरवाज़ा खोल दिया।

5. **स्वर्ग की चेतावनी**

कैमिनो डे विडा का पतन चर्चों को शॉर्टकट अपनाने की चेतावनी देता है: गुनगुना विश्वास अस्वीकृति को आमंत्रित करता है (प्रकाशितवाक्य 3:16)। मैथ्यू 23:15 बिना जड़ वाली फसलों के विनाश की भविष्यवाणी करता है। क्या आप जल्दबाजी करेंगे या पोषण करेंगे? बचे हुए लोग रास्ता दिखाते हैं: धैर्यवान, जड़ जमाए हुए, समर्पित। यीशु की गहराई का द्वार खोलें, नहीं तो आपकी फसल मुरझा जाएगी। सहजता के बजाय अंतरंगता चुनें—अभी

कहानी 25: उत्तरी अमेरिका - अति-विकास अंधापन - समृद्धि का दिखावा

***शास्त्र: लूका** 10:38-41, **प्रकाशितवाक्य** 3:1-3, **मत्ती** 23:15*

1. भ्रम

सिएटल, वाशिंगटन में, एलिवेट चर्च ने 9,000 सीटों वाले क्षेत्र को जीवंत ऊर्जा से भर दिया। वायरल पॉडकास्ट वाली 39 वर्षीय पादरी काइला ने पॉप मनोविज्ञान और शास्त्र को मिलाकर "विश्वास में पनपने" के उपदेश दिए। चर्च के ऐप ने "विकास की योजनाएँ" पेश कीं, और इसके लाइट शो रॉक कॉन्सर्ट की बराबरी करते थे। वैश्विक आउटरीच और #ElevateFaith अभियानों ने लाखों लोगों को ऑनलाइन आकर्षित किया। काइला के मंत्र, "अभी पनपो," ने खड़े होकर तालियाँ बजाईं। लेकिन चर्च ने परिवर्तन की तुलना में संख्याओं-दृश्यों, सीटों, देने-को प्राथमिकता दी। ल्यूक 10:40 में मार्था की तरह, एलिवेट "बहुत सेवा करने में विचलित था", एक दिखावा बना रहा था जबकि यीशु ने इसके कांच के दरवाजों पर दस्तक दी, उसका आह्वान प्रचार में खो गया।

2. द नॉक

भरी हुई सेवा के दौरान, हेरोल्ड नामक एक विधुर खड़ा था। "प्रकाशितवाक्य 3:1 कहता है, 'तुम्हारी प्रतिष्ठा जीवित होने की है, लेकिन तुम मर चुके हो,'" उसने चेतावनी दी। "यीशु दस्तक दे रहा है, लेकिन तुम एक ब्रांड बेच रहे हो!" काइला ने ध्यान भटकाया, लेकिन

उसके शब्द चुभ गए। उस रात, उसने लूका 10:38-41 पढ़ा, "एक बात ज़रूरी है" के विश्वास के साथ। एलिवेट का उन्माद - घटनाएँ, मीट्रिक, प्रसिद्धि - मार्था के व्याकुलता को दर्शाता था। यीशु अंतरंगता चाहता था, लेकिन चर्च ने उत्कर्ष का पीछा किया। हेरोल्ड की चेतावनी बनी रही, काइला ने उद्धारकर्ता की दस्तक महसूस की।

3. **संकट**

वित्तीय ऑडिट ने दुरुपयोग को उजागर किया: आउटरीच फंड ने मीडिया बजट को बढ़ा दिया। #ElevateExposed ट्रेंड हुआ; उपस्थिति में गिरावट आई। काइला की टीम ने एक पीआर फिक्स को आगे बढ़ाया, लेकिन हेरोल्ड के शब्द - मैथ्यू 23:15 का "घृणित उजाड़" - गूंज उठा। वह एक चर्च अटारी में एक प्रार्थना समूह में गई, जिसका नेतृत्व एक बरिस्ता, मिया कर रही थी। उनकी कच्ची पूजा ने एलिवेट के खोखलेपन को उजागर किया। काइला ने सच्चाई देखी: अति-विकास ने एक मृत चर्च को जन्म दिया था, इसकी प्रतिष्ठा एक झूठ थी (प्रकाशितवाक्य 3:1), जो ईश्वर के न्याय को आमंत्रित करता है।

4. **अवशेष**

काइला ने एक पार्क में पश्चाताप रैली बुलाई। "हमने यीशु को खो दिया है," उसने 1,000 लोगों के सामने कबूल किया जो वहाँ रुके थे। उसने स्थानीय ज़रूरतों को पूरा करने के लिए सतही कार्यक्रमों को बंद कर दिया। एक बचे हुए लोग - मिया, हेरोल्ड और अन्य - ने प्रकाशितवाक्य 3:2 का अध्ययन किया: "जो बचा है उसे मज़बूत

करो।" लूका 10:42 ने उन्हें निर्देशित किया: "बेहतर हिस्सा।" उन्होंने आश्रयों की सेवा की, भरोसा बहाल किया। एक अकेली माँ को उम्मीद मिली; एक किशोर ने आउटरीच का नेतृत्व किया। बचे हुए लोगों ने अंतरंगता को चुना, यीशु की उपस्थिति का द्वार खोला।

5. स्वर्ग की चेतावनी

एलिवेट का पतन अति-विकासशील चर्चों को चेतावनी देता है: प्रतिष्ठा धोखा देती है। रहस्योद्घाटन 3:1 मृत मुखौटों को उजागर करता है। मैथ्यू 23:15 खोखले उत्कर्ष के लिए उजाड़ की भविष्यवाणी करता है। क्या आप मीट्रिक या मसीह का पीछा करेंगे? बचे हुए लोग रास्ता दिखाते हैं: विनम्र, समर्पित, समर्पित। यीशु के लिए दरवाजा खोलो, या तुम्हारा दीया गिर जाएगा। भ्रम के बजाय अंतरंगता चुनें - अभी।

कहानी 2 6: एशिया - उत्पीड़न का शुद्धिकरण - बांस में कानाफूसी

शास्त्र: लूका 10:38-41, प्रकाशितवाक्य 2:10, मत्ती 23:15

1. भ्रम

वियतनाम के एक ग्रामीण गांव में, एक गुप्त चर्च बांस के बाग में मिला। पादरी लिन्ह, जो एक भूतपूर्व चावल किसान थे, ने तीस विश्वासियों का नेतृत्व किया, पुलिस की छापेमारी से बचने के लिए उनकी प्रार्थनाएँ शांत थीं। उन्होंने मछलियाँ बाँटी, पवित्र शास्त्र को याद किया, और

धर्मांतरित लोगों को अटारी में छिपाया। उत्पीड़न ने उनके बंधन को मजबूत किया - बाहरी लोगों ने उन्हें उज्ज्वल देखा। लेकिन कुछ लोगों ने गिरफ्तारी के डर से भोजन जमा कर लिया; अन्य लोगों ने विश्वासघात के डर से नए लोगों से दूरी बना ली। लूका 10:40 में मार्था की तरह, वे "बहुत सेवा करने से विचलित हो गए", बलिदान से बढ़कर जीवित रहना। यीशु ने बाग के छिपे हुए रास्ते पर दस्तक दी, लेकिन डर ने उनकी आवाज़ को दबा दिया।

2. द नॉक

चांदनी रात में एक मीटिंग के दौरान माई नाम की एक किशोरी ने बात की। उसने आग्रह किया, "प्रकाशितवाक्य 2:10 कहता है, 'मृत्यु तक विश्वासयोग्य रहो।'" "यीशु दस्तक दे रहा है, लेकिन हम उसकी पुकार से छिप रहे हैं!" लिन्ह घबरा गई; माई की बहन को जेल हो गई थी। उसकी हिम्मत डगमगा गई। उस रात, लिन्ह ने लूका 10:38-41 पढ़ा, "एक बात ज़रूरी है।" चर्च की सावधानी - संचय, अलगाव - मार्था के व्याकुलता को दर्शाती है। यीशु ने शुद्धिकरण की पेशकश की, लेकिन डर ने दरवाज़ा बंद कर दिया। लिन्ह ने उसकी दस्तक महसूस की, साहस का आग्रह किया।

3. संकट

पुलिस ने छापा मारा और एक गुप्त सूचना के बाद उपवन को जला दिया। माई को गिरफ्तार कर लिया गया; कुछ विश्वासी भाग गए, अन्य

ने सामान छिपा दिया। लिनह को बख्शा गया, लेकिन उसने अपनी कायरता का सामना किया। माई की चेतावनी-मैथ्यू 23:15 का विनाश-सच साबित हुआ। वह एक गुफा में बचे हुए लोगों के साथ शामिल हो गया, जिसका नेतृत्व एक बुनकर, तुआन कर रहा था। उनकी निस्वार्थ प्रार्थनाओं ने चर्च के स्वार्थ को उजागर कर दिया। लिनह ने सच्चाई देखी: उत्पीड़न ने एक खोखला विश्वास प्रकट किया था, जो भय से दूषित था, उपवन की राख आध्यात्मिक विनाश का संकेत थी।

4. **अवशेष**

लिन्ह ने बचे हुए लोगों को इकट्ठा किया - तुआन, माई (मुक्त), और आठ अन्य। "हमने यीशु को बाहर कर दिया है," उसने कबूल किया। उन्होंने प्रकाशितवाक्य 2:10 का अध्ययन किया, और कीमती वफ़ादारी को अपनाया। बचे हुए लोगों ने पकड़े जाने का जोखिम उठाते हुए, ग्रामीणों के साथ चावल बाँटे। लूका 10:42 ने उन्हें प्रेरित किया: "बेहतर हिस्सा।" एक पड़ोसी ने धर्म परिवर्तन किया; एक बच्चा आराधना में शामिल हुआ। बचे हुए लोगों के साहस ने छाया को रोशन किया, जिससे यीशु की शक्ति का द्वार खुल गया।

5. **स्वर्ग की चेतावनी**

ग्रोव का विनाश सताए गए चर्चों को चेतावनी देता है: भय विश्वास को धोखा देता है। प्रकाशितवाक्य 2:10 मृत्यु तक विश्वासयोग्य बने रहने का आह्वान करता है। मैथ्यू 23:15 डरपोक दिलों के लिए उजाड़ का संकेत देता है। क्या आप जमा करेंगे या देंगे? बचे हुए लोग रास्ता दिखाते हैं: साहसी, निस्वार्थ, समर्पित। यीशु के मिशन के लिए दरवाज़ा

खोलें, या उत्पीड़न आपको तोड़ देगा। जीवित रहने के बजाय अंतरंगता चुनें - अभी।

कहानी 27: यूरोप - मृत परंपरा - शून्यता की गूँज

शास्त्रः लूका 10:38-41, प्रकाशितवाक्य 2:5, मत्ती 23:15

1. भ्रम

यूनाइटेड किंगडम के लंदन में, सेंट एल्बन कैथेड्रल आस्था के स्मारक के रूप में खड़ा था, इसके पत्थर के मेहराब पर्यटकों को आकर्षित करते थे। 55 वर्षीय विद्वान रेवरेंड चार्ल्स ने एक विरल मण्डली के लिए औपचारिक सेवाओं का नेतृत्व किया। भजनों की धुन बजती रही, और विरासत अनुदानों ने रखरखाव को वित्तपोषित किया। चार्ल्स ने परंपरा का सम्मान किया, पूजा-पाठ को पूजा के रूप में देखा। लेकिन सेवाएँ ठंडी थीं, दिल अविचलित थे। ल्यूक 10:40 में मार्था की तरह, सेंट एल्बन का "बहुत सेवा करने में ध्यान भंग हो गया", जबकि यीशु ने अपने ओक के दरवाजों पर दस्तक दी, उनकी पुकार गूँज में खो गई।

2. द नॉक

एक सेवा के दौरान, एडा नामक एक नाइजीरियाई आप्रवासी खड़ी थी। "प्रकाशितवाक्य 2:5 कहता है, 'पश्चाताप करो और वही काम करो जो तुमने पहले किए थे,'" उसने चेतावनी दी। "यीशु दस्तक दे रहा है,

लेकिन तुम खाली कर्मकांड से चिपके हुए हो!" चार्ल्स भड़क गया, लेकिन उसके शब्द उसके दिमाग में रह गए। उस रात, उसने ल्यूक 10:38-41 पढ़ा, "एक बात ज़रूरी है।" सेंट एल्बन की परंपराएँ, जो कभी जीवंत थीं, अब कब्र बन गई थीं। यीशु ने पुनरुद्धार की मांग की, लेकिन रूप ने दरवाज़ा बंद कर दिया। एडा की चेतावनी गूंज उठी, चार्ल्स ने उसकी दस्तक महसूस की।

3. संकट

बाढ़ ने गिरजाघर को क्षतिग्रस्त कर दिया, जिससे रखरखाव की अनदेखी उजागर हुई। दानकर्ता पीछे हट गए; सीटें खाली हो गईं। चार्ल्स के साथियों ने जीर्णोद्धार पर जोर दिया, लेकिन एडा के शब्द - मैथ्यू 23:15 की वीरानी - ने उसे परेशान कर दिया। वह एक छात्र लियाम के नेतृत्व में एक तहखाने में युवा प्रार्थना समूह में शामिल हो गया। उनकी उत्कट आराधना ने सेंट एल्बन की बेजानता को उजागर किया। चार्ल्स ने सच्चाई देखी: परंपरा ने विश्वास को दफना दिया था, न्याय को आमंत्रित किया (प्रकाशितवाक्य 2:5)।

4. अवशेष

चार्ल्स ने खंडहरों में जागरण किया। "हमने यीशु को खो दिया है," उन्होंने 200 लोगों के सामने कबूल किया जो वहाँ आए थे। उन्होंने

धूमधाम के बजाय शास्त्र अध्ययन किया। बचे हुए लोगों - लियाम, एडा और अन्य लोगों ने पश्चाताप करने के लिए प्रकाशितवाक्य 2:5 के आह्वान को अपनाया। लूका 10:42 ने उनका मार्गदर्शन किया: "बेहतर भाग।" उन्होंने शरणार्थियों की सेवा की, पूजा को पुनर्जीवित किया। एक संशयवादी ने विश्वास पाया; एक परिवार ने सुलह की। बचे हुए लोगों ने जीवन की सांस ली, यीशु की उपस्थिति का द्वार खोला।

5. स्वर्ग की चेतावनी

सेंट एल्बन का खंडहर यूरोप के चर्चों को चेतावनी देता है: यीशु के बिना परंपरा मृत्यु है। प्रकाशितवाक्य 2:5 आग्रह करता है, "पहले जो काम तुमने किए थे, वही करो।" मैथ्यू 23:15 बेजान अनुष्ठानों के लिए विनाश की भविष्यवाणी करता है। क्या आप रूप-रंग या आस्था से चिपके रहेंगे? बचे हुए लोग रास्ता दिखाते हैं: जीवित, विनम्र, समर्पित। यीशु के लिए दरवाज़ा खोलो, नहीं तो तुम्हारा दीया गिर जाएगा। संस्था के बजाय अंतरंगता चुनें - अभी।

कहानी 28: उत्तरी अमेरिका - हाइपर-ग्रोथ ब्लाइंडनेस - द ग्लिटर ऑफ़ ग्लोरी

शास्त्र: लूका 10:38-41, प्रकाशितवाक्य 3:1-3, मत्ती 23:15

1. भ्रम

ह्यूस्टन, टेक्सास में, रेडियंस चर्च ने 14,000 सीटों वाले मेगाडोम को स्पंदित ऊर्जा से भर दिया। पादरी एवा, एक 42 वर्षीय, जो एक बेस्टसेलिंग भक्ति के साथ है, ने सिनेमाई स्वभाव के साथ "भाग्य" का प्रचार किया। चर्च के ऐप ने दान को गेमीफाइड किया, और इसके पूजा पर्यटन ने अखाड़ों को भर दिया। वैश्विक मिशन और #रेडियंसराइजिंग अभियानों ने लाखों लोगों को ऑनलाइन आकर्षित किया। एवा के नारे, "शाइन योर ग्लोरी" ने गर्जना की। लेकिन चर्च ने पवित्रता की तुलना में मेट्रिक्स-उपस्थिति, स्ट्रीम, लाभ-का पीछा किया। ल्यूक 10:40 में मार्था की तरह, रेडियंस "बहुत सेवा करने में विचलित" था, एक शानदार साम्राज्य का निर्माण कर रहा था जबकि यीशु ने इसके एलईडी दरवाजों पर दस्तक दी, उसका आह्वान तालियों में डूब गया।

2. द नॉक

लाइवस्ट्रीम सेवा के दौरान, सैमुअल नामक एक शिक्षक खड़ा था। "प्रकाशितवाक्य 3:1 कहता है, 'तुम्हारी प्रतिष्ठा जीवित होने की है, लेकिन तुम मर चुके हो,'" उसने चेतावनी दी। "यीशु दस्तक दे रहा है, लेकिन तुम चमक बेच रहे हो!" एवा ने उसे टाल दिया, लेकिन उसके शब्द चुभ गए। उस रात, उसने ल्यूक 10:38-41 पढ़ा, "एक बात ज़रूरी है" के विश्वास के साथ। रेडिएंस का उन्माद - घटनाएँ, क्लिक, प्रभाव - मार्था के व्याकुलता को दर्शाता है। यीशु अंतरंगता चाहता था, लेकिन चर्च ने महिमा का प्रचार किया। सैमुअल की चेतावनी बनी रही, एवा ने उद्धारकर्ता की दस्तक महसूस की।

3. संकट

एक खुलासे ने धोखाधड़ी का खुलासा किया: मिशन फंड ने एवा के ब्रांड को बढ़ावा दिया। #रेडियंसरुइन ट्रेंड हुआ; भीड़ गायब हो गई। एवा की टीम ने एक पीआर अभियान चलाया, लेकिन सैमुअल के शब्द - मैथ्यू 23:15 का "घृणित उजाड़" - उसे परेशान करता रहा। वह एक चर्च के तहखाने में एक प्रार्थना समूह में गई, जिसका नेतृत्व एक शेफ, नाओमी कर रही थी। उनकी कच्ची पूजा ने रेडियंस के खालीपन को उजागर कर दिया। एवा ने सच्चाई देखी: अति-विकास ने एक मृत चर्च को जन्म दिया था, इसकी चमक एक झूठ थी (प्रकाशितवाक्य 3:1), जो ईश्वर के न्याय को आमंत्रित करती है।

4. **अवशेष**

एवा ने एक मैदान में पश्चाताप रैली बुलाई। "हमने यीशु को खो दिया है," उसने 1,500 लोगों के सामने कबूल किया जो वहीं रुके थे। उसने कार्यक्रमों में कटौती की, गरीबों को धन मुहैया कराया। एक बचे हुए लोग - नाओमी, शमूएल और अन्य - ने प्रकाशितवाक्य 3:2 का अध्ययन किया: "जो बचा है उसे मजबूत करो।" लूका 10:42 ने उनका मार्गदर्शन किया: "बेहतर हिस्सा।" उन्होंने आश्रयों की सेवा की, विश्वास बहाल किया। एक बेघर किशोर ने विश्वास पाया; एक संशयवादी प्रार्थना में शामिल हुआ। बचे हुए लोगों ने अंतरंगता को चुना, जिससे यीशु की उपस्थिति का द्वार खुल गया।

5. **स्वर्ग की चेतावनी**

चमक का गिरना अति-विकासशील चर्चों को चेतावनी देता है: चमक धोखा देती है। प्रकाशितवाक्य 3:1 मृत प्रतिष्ठा को उजागर करता है। मैथ्यू 23:15 खाली साम्राज्यों के विनाश की भविष्यवाणी करता है।

क्या आप चमक का पीछा करेंगे या मसीह का? बचे हुए लोग रास्ता दिखाते हैं: विनम्र, समर्पित, समर्पित। यीशु के लिए दरवाजा खोलो, नहीं तो तुम्हारा दीया गिर जाएगा। भ्रम के बजाय अंतरंगता चुनें - अभी।

कहानी 2 9: अफ्रीका - भ्रष्टाचार का पुनरुद्धार - बुझती हुई ज्वाला

पवित्रशास्त्र: लूका 10:38-41, प्रकाशितवाक्य 2:4-5, मत्ती 23:15

1. भ्रम

नाइजीरिया के अबुजा में, इटरनल फायर चर्च ने 12,000 सीटों वाले स्टेडियम को जोशीले पुनरुत्थान से भर दिया। पादरी चुकु, एक 48 वर्षीय टेलीवेंजलिस्ट, ने चमत्कारों का प्रचार किया, उनके धर्मयुद्ध पूरे अफ्रीका में प्रसारित हुए। दान से स्कूल और स्टूडियो बनाए गए, उनका #EternalFire हैशटैग ट्रेंड कर रहा था। भीड़ नाच रही थी, आशीर्वाद के लिए "बीज" बो रही थी। लेकिन प्रार्थना फीकी पड़ गई; चुकु के जेट विमानों को दान से वित्तपोषित किया गया। ल्यूक 10:40 में मार्था की तरह, चर्च "बहुत सेवा करने में व्यस्त" था, पुनरुत्थान की लौ का पीछा करते हुए जबकि यीशु ने इसके स्टील के दरवाजों पर दस्तक दी, उसकी पुकार गर्जना में खो गई।

2. द नॉक

एक चंगाई रैली में, मर्सी नाम की एक विधवा खड़ी थी। "प्रकाशितवाक्य 2:4 कहता है, 'तुमने अपना पहला प्यार त्याग दिया है,'" उसने चेतावनी दी। "यीशु दस्तक दे रहा है, लेकिन तुमने उसे प्रसिद्धि के लिए बेच दिया है!" चुकु ने सुरक्षा का संकेत दिया, लेकिन उसके शब्द चुभ गए। उस रात, उसने ल्यूक 10:38-41 पढ़ा, "एक बात ज़रूरी है" के विश्वास के साथ। अनन्त अग्नि के शुरुआती दिन - उत्कट प्रार्थना, साझा प्रेम - तमाशा बनकर रह गए थे। यीशु ने अंतरंगता चाही, लेकिन महत्वाकांक्षा ने दरवाज़ा बंद कर दिया। मर्सी की चेतावनी गूंज उठी, चुकु ने उसकी दस्तक महसूस की।

3. संकट

एक घोटाले ने झूठे चमत्कारों को उजागर किया; स्कूल के फंड को डायवर्ट किया गया। #EternalFraud ट्रेंड हुआ; स्टेडियम खाली हो गया। चुकु की टीम ने मीडिया को ठीक करने की कोशिश की, लेकिन मर्सी के शब्द - मैथ्यू 23:15 की वीरानी - ने उसे परेशान कर दिया। वह एक दर्जी, एस्तेर के नेतृत्व में एक झुग्गी प्रार्थना समूह में शामिल हो गया। उनकी कच्ची पूजा ने अनन्त अग्नि के भ्रष्टाचार को उजागर किया। चुकु ने सच्चाई देखी: महत्वाकांक्षा ने चर्च की लौ को फीका कर दिया था, जिससे न्याय को आमंत्रित किया गया (प्रकाशितवाक्य 2:5)।

4. अवशेष

चुकु ने एक बाजार में पश्चाताप सेवा आयोजित की। "हमने यीशु को खो दिया है," वह 2,000 लोगों के सामने रोया जो वहाँ आए थे। उसने संपत्ति बेचकर अनाथों को धन मुहैया कराया। एक बचे हुए लोग - एस्तेर, मर्सी और अन्य - ने प्रकाशितवाक्य 2:5 का अध्ययन किया, और पहले प्यार की ओर लौट आए। लूका 10:42 ने उनका मार्गदर्शन किया: "बेहतर हिस्सा।" उन्होंने गरीबों को खाना खिलाया, भरोसा बहाल किया। एक भिखारी को आशा मिली; एक युवा ने पुनरुत्थान का नेतृत्व किया। बचे हुए लोगों ने विश्वास को फिर से जगाया, यीशु की उपस्थिति का द्वार खोला।

5. स्वर्ग की चेतावनी

अनन्त अग्नि का पतन पुनरुत्थान चर्चों को चेतावनी देता है: महत्वाकांक्षा विश्वास को बुझा देती है। प्रकाशितवाक्य 2:5 आग्रह करता है, "पश्चाताप करो और वही काम करो जो तुमने पहले किए थे।" मैथ्यू 23:15 भ्रष्ट ज्वालाओं के लिए विनाश की भविष्यवाणी करता है। क्या आप प्रसिद्धि या विश्वास का पीछा करेंगे? बचे हुए लोग रास्ता दिखाते हैं: विनम्र, शुद्ध, समर्पित। यीशु के लिए दरवाजा खोलो, नहीं तो तुम्हारी आग बुझ जाएगी। महत्वाकांक्षा के बजाय अंतरंगता चुनें - अभी।

कहानी 3 0: ऑस्ट्रेलिया - साधक-अनुकूल समझौता - ईश्वर के बिना चमक

शास्त्र: लूका 10:38-41, प्रकाशितवाक्य 3:15-16, मत्ती 23:15

1. भ्रम

ऑस्ट्रेलिया के मेलबर्न में, होराइज़न लाइट चर्च 5,000 सीटों वाले थिएटर में खूब फला-फूला। पादरी रिले, 36 वर्षीय, जिनका एक वायरल व्लॉग है, ने पाप के दंश से बचते हुए, अच्छा महसूस कराने वाले संदेश दिए। चर्च के ऐप ने "स्वास्थ्य संबंधी भक्ति" की पेशकश की, और इसके कैफ़े ने योग रिट्रीट की मेजबानी की। #HorizonLight ट्रेंड कर रहा था, जो उद्देश्य की तलाश कर रहे मिलेनियल्स को आकर्षित कर रहा था। रिले की टैगलाइन, "ग्लो योर वे" ने सीटें भर दीं। लेकिन सच्चाई को कमज़ोर कर दिया गया; पश्चाताप को दरकिनार कर दिया गया। ल्यूक 10:40 में मार्था की तरह, होराइज़न लाइट "बहुत सेवा करने में विचलित" थी, साधकों के लिए चमक रही थी जबकि यीशु इसके चिकने दरवाज़ों पर दस्तक दे रहे थे, उनकी पुकार माहौल में खो गई थी।

2. द नॉक

एक "स्वास्थ्य" सेवा में, जोन नामक एक बुजुर्ग खड़ी थी। "प्रकाशितवाक्य 3:15 कहता है, 'तुम गुनगुने हो,'" उसने चेतावनी दी। "यीशु दस्तक दे रहा है, लेकिन तुमने उसे लाइक के लिए बाहर कर दिया है!" रिले ने उपहास किया, लेकिन उसके शब्द उसे प्रभावित कर गए। उस रात, उसने ल्यूक 10:38-41 पढ़ा, "एक बात ज़रूरी है" के विश्वास के साथ। क्षितिज प्रकाश की अपील - ट्रेंडी, उथली - मार्था की व्याकुलता को दर्शाती है। यीशु ने सत्य की पेशकश की, लेकिन

समझौते ने दरवाज़ा बंद कर दिया। जोन की चेतावनी बनी रही, रिले ने उसकी दस्तक महसूस की।

3. **संकट**

एक वायरल पोस्ट ने सतही शिक्षाओं को उजागर किया ; अपरिवर्तित जीवन के बाद सदस्य चले गए। #HorizonHype ट्रेंड हुआ; थिएटर खाली हो गया। रिले की टीम ने एक रीब्रांड की योजना बनाई, लेकिन जोन के शब्द - मैथ्यू 23:15 की वीरानी - ने उसे परेशान कर दिया। वह एक स्टोररूम में एक प्रार्थना समूह में शामिल हो गया, जिसका नेतृत्व एक नर्स, एथन कर रही थी। उनकी साहसिक पूजा ने क्षितिज प्रकाश की शून्यता को उजागर किया। रिले ने सच्चाई देखी: साधक-अनुकूल समझौते ने एक गुनगुने चर्च को जन्म दिया था, जो बाहर थूकने के लिए तैयार था (प्रकाशितवाक्य 3:16)।

4. **अवशेष**

रिले ने एक पार्क में एक स्वीकारोक्ति आयोजित की। "हमने यीशु को खो दिया है," उन्होंने 800 लोगों से कहा जो वहाँ रुके थे। उन्होंने पश्चाताप का उपदेश दिया, सतही घटनाओं को कम किया। एक बचे हुए लोग - एथन, जोन और अन्य - ने लूका 10:42 के "बेहतर हिस्से" को अपनाया। उन्होंने बेघर लोगों की सेवा की, सच्चाई को साझा किया। एक संशयवादी ने विश्वास पाया; एक युवा ने आउटरीच का

नेतृत्व किया। बचे हुए लोग ईश्वर के साथ चमके, यीशु की उपस्थिति का द्वार खोला।

5. स्वर्ग की चेतावनी

क्षितिज प्रकाश का पतन साधक-हितैषी चर्चों को चेतावनी देता है: समझौता गुनगुनापन पैदा करता है (प्रकाशितवाक्य 3:16)। मैथ्यू 23:15 कमजोर विश्वास के लिए विनाश की भविष्यवाणी करता है। क्या आप चमक या ईश्वर का पीछा करेंगे? बचे हुए लोग रास्ता दिखाते हैं: सत्यनिष्ठ, उत्साही, समर्पित। यीशु की सच्चाई के लिए दरवाजा खोलें, या बाहर थूक दिए जाएँ। तालियों की जगह अंतरंगता चुनें - अभी।

कहानी 31: उत्तरी अमेरिका - हाइपर-ग्रोथ ब्लाइंडनेस - अनंत का भ्रम

शास्त्र: लूका 10:38-41, प्रकाशितवाक्य 3:1-3, मत्ती 23:15

1. भ्रम

लॉस एंजिल्स, कैलिफोर्निया में, इनफिनिट होप चर्च ने 16,000 सीटों वाले क्षेत्र को चकाचौंध भरी ऊर्जा से भर दिया। नेटफ्लिक्स स्पेशल के साथ 41 वर्षीय पादरी लियाम ने हॉलीवुड की शैली में "असीम विश्वास" का प्रचार किया। चर्च के ऐप ने "आशीर्वाद लक्ष्यों" को ट्रैक

किया, और इसके ड्रोन-लाइट पूजा शो वायरल हो गए। वैश्विक आउटरीच और #InfiniteHope अभियानों ने लाखों अनुयायियों को इकट्ठा किया। लियाम के नारे, "लिमिटलेस लिव" ने गर्जना की। लेकिन चर्च ने पवित्रता से ज़्यादा मेट्रिक्स-व्यू, सीट्स, डोनेशन- का पीछा किया। ल्यूक 10:40 में मार्था की तरह, इनफिनिट होप "बहुत सेवा करने से विचलित" था, एक भ्रम का निर्माण करते हुए जबकि यीशु ने इसके नियॉन दरवाजों पर दस्तक दी, उसका आह्वान तमाशे में खो गया।

2. द नॉक

एक बड़ी सेवा के दौरान, डेबोरा नामक एक लाइब्रेरियन खड़ी थी। "प्रकाशितवाक्य 3:1 कहता है, 'तुम्हारी प्रतिष्ठा जीवित होने की है, लेकिन तुम मर चुकी हो,'" उसने चेतावनी दी। "यीशु दस्तक दे रहा है, लेकिन तुम अनंत को बेच रही हो!" लियाम ने उसे दूर भगाया, लेकिन उसके शब्द चुभ गए। उस रात, उसने ल्यूक 10:38-41 पढ़ा, "एक बात ज़रूरी है" के विश्वास के साथ। अनंत आशा का उन्माद - घटनाएँ, धाराएँ, प्रचार - मार्था के व्याकुलता को दर्शाता है। यीशु अंतरंगता चाहता था, लेकिन चर्च ने भव्यता को बढ़ावा दिया। डेबोरा की चेतावनी बनी रही, लियाम ने उद्धारकर्ता की दस्तक महसूस की।

3. संकट

एक लीक ने धोखाधड़ी को उजागर किया: आउटरीच फंड ने लियाम की जीवनशैली को बढ़ावा दिया। #InfiniteScam ट्रेंड हुआ; भीड़

गायब हो गई। लियाम की टीम ने एक पीआर फिक्स को आगे बढ़ाया, लेकिन डेबोरा के शब्द - मैथ्यू 23:15 का "घृणित उजाड़" - उसे परेशान करता रहा। वह एक माली, एज्रा के नेतृत्व में एक चर्च के भंडारण कक्ष में एक प्रार्थना समूह में गया। उनकी कच्ची पूजा ने अनंत आशा के खालीपन को उजागर किया। लियाम ने सच्चाई देखी: अति-विकास ने एक मृत चर्च को जन्म दिया था, इसकी प्रतिष्ठा एक झूठ थी (प्रकाशितवाक्य 3:1), भगवान के न्याय को आमंत्रित कर रहा था।

4. **अवशेष**

लियाम ने एक पार्क में पश्चाताप रैली बुलाई। "हमने यीशु को खो दिया है," उसने 2,000 लोगों के सामने कबूल किया जो वहाँ रुके थे। उसने आकर्षक कार्यक्रमों को बंद कर दिया, स्थानीय ज़रूरतों को पूरा किया। बचे हुए लोगों - एज्रा, डेबोरा और अन्य - ने प्रकाशितवाक्य 3:2 का अध्ययन किया: "जो बचा है उसे मज़बूत करो।" लूका 10:42 ने उन्हें निर्देशित किया: "बेहतर हिस्सा।" उन्होंने आश्रयों की सेवा की, विश्वास बहाल किया। एक बेघर महिला ने विश्वास पाया; एक किशोर ने आउटरीच का नेतृत्व किया। बचे हुए लोगों ने अंतरंगता को चुना, यीशु की उपस्थिति का द्वार खोला।

5. **स्वर्ग की चेतावनी**

अनंत आशा का पतन अति-विकासशील चर्चों को चेतावनी देता है: भव्यता धोखा देती है। प्रकाशितवाक्य 3:1 मृत प्रतिष्ठा को उजागर करता है। मैथ्यू 23:15 खोखले भ्रमों के लिए विनाश की भविष्यवाणी करता है। क्या आप अनंत का पीछा करेंगे या मसीह का? शेष लोग रास्ता दिखाते हैं: विनम्र, समर्पित, समर्पित। यीशु के लिए दरवाजा

खोलो, नहीं तो तुम्हारा दीया गिर जाएगा। तमाशा करने के बजाय अंतरंगता चुनें - अभी।

कहानी 32: अफ्रीका - पुनरुद्धार भ्रष्टाचार - चिंगारी जो भटक गई

शास्त्र: लूका 10:38-41, प्रकाशितवाक्य 2:4-5, मत्ती 23:15

1. भ्रम

युगांडा के कंपाला में, ज़ायन फ्लेम चर्च ने 10,000 सीटों वाले टेंट को जोशीले पुनरुत्थान से भर दिया। पादरी रूथ, एक 45 वर्षीय रेडियो साम्राज्य के साथ, चमत्कारों का प्रचार करती थी, उसकी रैलियाँ पूरे महाद्वीप में प्रसारित होती थीं। दान से क्लीनिक और स्टूडियो बनाए गए, उसका #ZionFlame हैशटैग ट्रेंड कर रहा था। भीड़ नाच रही थी, समृद्धि के लिए "बीज" बो रही थी। लेकिन प्रार्थना कम हो गई; रूथ की विलासिता को दान से पूरा किया गया। ल्यूक 10:40 में मार्था की तरह, चर्च "बहुत सेवा करने में व्यस्त था", पुनरुत्थान की चिंगारी का पीछा करते हुए जबकि यीशु ने इसके कैनवास के दरवाजों पर दस्तक दी, उसका आह्वान उत्साह में खो गया।

2. द नॉक

चमत्कार धर्मयुद्ध में, आमोस नामक एक बुजुर्ग खड़ा था। "प्रकाशितवाक्य 2:4 कहता है, 'तुमने अपना पहला प्यार त्याग दिया

है,'" उसने चेतावनी दी। "यीशु दस्तक दे रहा है, लेकिन तुमने उसे प्रसिद्धि के लिए बेच दिया है!" रूथ ने सुरक्षा का संकेत दिया, लेकिन उसके शब्द चुभ गए। उस रात, उसने लूका 10:38-41 पढ़ा, "एक बात ज़रूरी है" के विश्वास के साथ। सिय्योन फ्लेम के शुरुआती दिन - उत्कट प्रार्थना, साझा प्रेम - तमाशा के लिए भटक गए थे। यीशु ने अंतरंगता की तलाश की, लेकिन महत्वाकांक्षा ने दरवाज़ा बंद कर दिया। आमोस की चेतावनी गूंज उठी, रूथ ने उसकी दस्तक महसूस की।

3. **संकट**

एक खुलासे में दिखावटी उपचार का खुलासा हुआ; क्लिनिक के फंड का दुरुपयोग किया गया। #ZionFraud ट्रेंड हुआ; तम्बू खाली हो गया। रूथ की टीम ने मीडिया में इसे ठीक करने की कोशिश की, लेकिन अमोस के शब्द - मैथ्यू 23:15 की तबाही - ने उसे परेशान कर दिया। वह एक सिलाई करने वाली महिला, लिडिया के नेतृत्व में एक झुग्गी प्रार्थना समूह में शामिल हो गई। उनकी कच्ची पूजा ने सिय्योन फ्लेम के भ्रष्टाचार को उजागर कर दिया। रूथ ने सच्चाई देखी: महत्वाकांक्षा ने चर्च की चिंगारी को बुझा दिया था, जिससे न्याय को आमंत्रित किया गया (प्रकाशितवाक्य 2:5)।

4. **अवशेष**

रूथ ने एक खेत में पश्चाताप की सेवा आयोजित की। "हमने यीशु को खो दिया है," वह 1,800 लोगों के सामने रो पड़ी जो वहाँ आए थे। उसने अपनी संपत्ति बेचकर गरीबों को पैसे दिए। बचे हुए लोगों - लिडिया, आमोस और अन्य लोगों ने प्रकाशितवाक्य 2:5 का अध्ययन किया और पहले प्यार की ओर लौट आए। लूका 10:42 ने उनका मार्गदर्शन किया: "बेहतर हिस्सा।" उन्होंने अनाथों को खाना खिलाया, भरोसा बहाल किया। एक विधवा को उम्मीद मिली; एक युवा ने पुनरुत्थान का नेतृत्व किया। बचे हुए लोगों ने विश्वास को फिर से जगाया और यीशु की उपस्थिति का द्वार खोला।

5. स्वर्ग की चेतावनी

सिय्योन की ज्वाला का गिरना पुनरुत्थान चर्चों को चेतावनी देता है: महत्वाकांक्षा विश्वास को बुझा देती है। प्रकाशितवाक्य 2:5 आग्रह करता है, "पश्चाताप करो और वही काम करो जो तुमने पहले किए थे।" मैथ्यू 23:15 भटकी हुई चिंगारियों के विनाश की भविष्यवाणी करता है। क्या आप प्रसिद्धि या विश्वास का पीछा करेंगे? बचे हुए लोग रास्ता दिखाते हैं: विनम्र, शुद्ध, समर्पित। यीशु के लिए दरवाजा खोलो, नहीं तो तुम्हारी आग बुझ जाएगी। महत्वाकांक्षा के बजाय अंतरंगता चुनें - अभी।

कहानी 3 3: एशिया - उत्पीड़न से शुद्धिकरण - तूफान में प्रकाश

शास्त्र: लूका 10:38-41, प्रकाशितवाक्य 2:10, मत्ती 23:15

1. भ्रम

फिलीपींस के एक तटीय गांव में, एक मछुआरे की झोपड़ी में एक गुप्त चर्च की बैठक हुई। पादरी माटेओ, एक पूर्व नाविक, बीस विश्वासियों का नेतृत्व कर रहे थे, उनकी प्रार्थनाएँ सतर्कतापूर्ण छापों से बचने के लिए फुसफुसाती थीं। उन्होंने मछलियाँ बाँटी, शास्त्रों को याद किया, और धर्मांतरित लोगों को छिपाया। उत्पीड़न ने एकता को मजबूत किया - बाहरी लोगों ने उन्हें उज्ज्वल के रूप में देखा। लेकिन कुछ लोगों ने हमलों के डर से भोजन जमा कर लिया; दूसरों ने विश्वासघात के डर से नए लोगों से दूरी बना ली। ल्यूक 10:40 में मार्था की तरह, वे "बहुत सेवा करने से विचलित हो गए", बलिदान से बढ़कर जीवित रहना। यीशु ने झोपड़ी के लकड़ी के दरवाज़े पर दस्तक दी, लेकिन डर ने उनकी आवाज़ को दबा दिया।

2. द नॉक

एक तूफानी मीटिंग के दौरान, लूज़ नामक एक किशोरी ने बात की। उसने आग्रह किया, "प्रकाशितवाक्य 2:10 कहता है, 'मृत्यु तक विश्वासयोग्य रहो'।" "यीशु दस्तक दे रहा है, लेकिन हम उसकी पुकार से छिप रहे हैं!" माटेओ घबरा गई; लूज़ के भाई को पीटा गया था। उसकी हिम्मत डगमगा गई। उस रात, माटेओ ने लूका 10:38-41 पढ़ा,

"एक बात ज़रूरी है।" चर्च की सावधानी - संचय, अलगाव - मार्था के व्याकुलता को दर्शाती है। यीशु ने शुद्धिकरण की पेशकश की, लेकिन डर ने दरवाज़ा बंद कर दिया। माटेओ ने उसकी दस्तक महसूस की, साहस का आग्रह किया।

3. **संकट**

विश्वासघात के बाद झोपड़ी में आग लगा दी गई। लूज को गिरफ्तार कर लिया गया; कुछ विश्वासी भाग गए, अन्य ने सामान छिपा दिया। माटेओ को बख्शा गया, लेकिन उसने अपनी कायरता का सामना किया। लूज की चेतावनी-मैथ्यू 23:15 का विनाश-सच साबित हुआ। वह एक किसान जुआन के नेतृत्व में एक गुफा में बचे हुए लोगों में शामिल हो गया। उनकी निस्वार्थ प्रार्थनाओं ने चर्च के स्वार्थ को उजागर कर दिया। माटेओ ने सच्चाई देखी: उत्पीड़न ने एक खोखला विश्वास प्रकट किया था, झोपड़ी की राख आध्यात्मिक बर्बादी का संकेत थी।

4. **अवशेष**

माटेओ ने बचे हुए लोगों को इकट्ठा किया - जुआन, लूज (मुक्त), और दस अन्य। "हमने यीशु को बाहर कर दिया है," उसने कबूल किया। उन्होंने प्रकाशितवाक्य 2:10 का अध्ययन किया, और कीमती वफ़ादारी को अपनाया। बचे हुए लोगों ने पकड़े जाने का जोखिम उठाते हुए ग्रामीणों के साथ मछलियाँ बाँटीं। लूका 10:42 ने उन्हें प्रेरित किया: "बेहतर हिस्सा।" एक पड़ोसी ने धर्म परिवर्तन किया; एक बच्चा

आराधना में शामिल हुआ। बचे हुए लोगों के साहस ने तूफान को भड़काया, जिससे यीशु की शक्ति का द्वार खुल गया।

5. स्वर्ग की चेतावनी

झोपड़ी का विनाश सताए गए चर्चों को चेतावनी देता है: भय विश्वास को धोखा देता है। प्रकाशितवाक्य 2:10 मृत्यु तक वफ़ादारी के लिए कहता है। मैथ्यू 23:15 डरपोक दिलों के लिए उजाड़ का संकेत देता है। क्या आप जमा करेंगे या देंगे? बचे हुए लोग रास्ता दिखाते हैं: साहसी, निस्वार्थ, समर्पित। यीशु के मिशन के लिए दरवाज़ा खोलें, या उत्पीड़न आपको तोड़ देगा। जीवित रहने के बजाय अंतरंगता चुनें - अभी

कहानी 34: एशिया - उत्पीड़न से शुद्धिकरण - राख में अंगारा

शास्त्र: लूका 10:38-41, प्रकाशितवाक्य 2:10, मत्ती 23:15

1. भ्रम

इंडोनेशिया के आचेह के एक सुदूर गांव में, एक गुप्त चर्च ताड़ के छप्पर वाली झोपड़ी में मिलता था। पादरी बुदी, जो एक पूर्व शिक्षक थे, पच्चीस विश्वासियों का नेतृत्व करते थे, उनकी प्रार्थनाएँ शरिया गश्ती से बचने के लिए फुसफुसाती थीं। वे चावल बाँटते थे, पवित्र शास्त्र याद करते थे, और धर्मांतरित लोगों को शेड में छिपाते थे। उत्पीड़न ने उनके बंधन को मजबूत किया - बाहरी लोगों ने उन्हें उज्ज्वल के रूप में देखा। लेकिन कुछ ने छापे के डर से भोजन जमा कर लिया; अन्य ने विश्वासघात के डर से नए लोगों से दूरी बना ली। ल्यूक 10:40 में मार्था की तरह, वे "बहुत सेवा करने में विचलित थे," जीवित रहने की इच्छा बलिदान को पीछे छोड़ रही थी। यीशु ने झोपड़ी के कमजोर दरवाजे पर दस्तक दी, लेकिन डर ने उनकी आवाज़ को दबा दिया।

2. द नॉक

आधी रात की मीटिंग के दौरान, सारी नाम की एक युवा विधवा ने बात की। उसने आग्रह किया, "प्रकाशितवाक्य 2:10 कहता है, 'मृत्यु तक विश्वासयोग्य रहो।'" "यीशु दस्तक दे रहा है, लेकिन हम उसकी पुकार से छिप रहे हैं!" बूदी ने झिझकते हुए कहा; सारी के पति को शहीद कर दिया गया था। उसकी हिम्मत डगमगा गई। उस रात, बूदी ने लूका

10:38-41 पढ़ा, "एक बात ज़रूरी है।" चर्च की सावधानी - संचय, अलगाव - मार्था के व्याकुलता को दर्शाती है। यीशु ने शुद्धिकरण की पेशकश की, लेकिन डर ने दरवाज़ा बंद कर दिया। बूदी ने उसकी दस्तक महसूस की, साहस का आग्रह किया।

3. संकट

विश्वासघात के बाद एक छापे ने झोपड़ी को जला दिया। सारी को गिरफ्तार कर लिया गया; कुछ विश्वासी भाग गए, अन्य ने सामान छिपा दिया। बूदी को बख्शा गया, लेकिन उसने अपनी कायरता का सामना किया। सारी की चेतावनी—मैथ्यू 23:15 का "घृणित उजाड़"—सच साबित हुआ। वह जंगल में एक मछुआरे, वायन के नेतृत्व में बचे हुए लोगों के साथ शामिल हो गया। उनकी निस्वार्थ प्रार्थनाओं ने चर्च के स्वार्थ को उजागर कर दिया। बूदी ने सच्चाई देखी: उत्पीड़न ने एक खोखला विश्वास प्रकट किया था, झोपड़ी की राख आध्यात्मिक बर्बादी का संकेत थी।

4. अवशेष

बुदी ने बचे हुए लोगों को इकट्ठा किया - वेयान, सारी (मुक्त), और दस अन्य - एक गुफा में। "हमने यीशु को बाहर कर दिया है," उसने कबूल किया। उन्होंने प्रकाशितवाक्य 2:10 का अध्ययन किया, और महंगी वफ़ादारी को अपनाया। बचे हुए लोगों ने पकड़े जाने का जोखिम उठाते हुए, ग्रामीणों के साथ फसलें साझा कीं। लूका 10:42 ने उन्हें प्रेरित

किया: "बेहतर हिस्सा।" एक पड़ोसी ने धर्म परिवर्तन किया; एक बच्चा पूजा में शामिल हुआ। बचे हुए लोगों के साहस ने राख को जलाया, जिससे यीशु की शक्ति का द्वार खुल गया।

5. स्वर्ग की चेतावनी

झोपड़ी का विनाश सताए गए चर्चों को चेतावनी देता है: भय विश्वास को धोखा देता है। प्रकाशितवाक्य 2:10 मृत्यु तक विश्वासयोग्य बने रहने का आह्वान करता है। मत्ती 23:15 डरपोक दिलों के लिए विनाश का संकेत देता है। क्या आप जमा करेंगे या देंगे? बचे हुए लोग रास्ता दिखाते हैं: साहसी, निस्वार्थ, समर्पित। यीशु के मिशन के लिए दरवाज़ा खोलें, नहीं तो उत्पीड़न आपको तोड़ देगा। जीवित रहने के बजाय अंतरंगता चुनें - अभी।

कहानी 35: यूरोप - मृत परंपरा - छाया का मंदिर

शास्त्र: लूका 10:38-41, प्रकाशितवाक्य 2:5, मत्ती 23:15

1. भ्रम

स्पेन के सेविले में, नुएस्ट्रा सेनोरा कैथेड्रल गॉथिक भव्यता से भरा हुआ था, इसकी वेदियाँ पर्यटकों को आकर्षित करती थीं। 60 वर्षीय पादरी फादर डिएगो ने घटते हुए झुंड के लिए अनुष्ठानों का नेतृत्व किया। मंत्र गूंजते थे, और अवशेषों से रखरखाव का खर्च उठाया जाता था। डिएगो

ने परंपरा को संजोया, पूजा-पाठ को आस्था के रूप में देखा। लेकिन सेवाएँ रटी-रटाई थीं, दिल ठंडे थे। लूका 10:40 में मार्था की तरह, नुएस्ट्रा सेनोरा "बहुत सेवा करने में विचलित" थी, जबकि यीशु ने इसके पत्थर के दरवाजों पर दस्तक दी, उसकी पुकार धूप में खो गई।

2. **द नॉक**

एक सामूहिक प्रार्थना के दौरान, फातिमा नामक एक मोरक्कन प्रवासी खड़ी थी। "प्रकाशितवाक्य 2:5 कहता है, 'पश्चाताप करो और वही काम करो जो तुमने पहले किए थे,'" उसने चेतावनी दी। "यीशु दस्तक दे रहा है, लेकिन तुम छाया की पूजा करते हो!" डिएगो ने उसे बाहर ले जाते हुए झल्लाहट दिखाई, लेकिन उसके शब्द उसके दिमाग में रह गए। उस रात, उसने ल्यूक 10:38-41 पढ़ा, "एक बात ज़रूरी है।" नुएस्ट्रा सेनोरा के अनुष्ठान, जो कभी जीवित थे, अब छाया का मंदिर बन गए थे। यीशु ने पुनरुत्थान की मांग की, लेकिन परंपरा ने दरवाज़ा बंद कर दिया। फातिमा की चेतावनी गूंज उठी, डिएगो ने उसकी दस्तक महसूस की।

3. **संकट**

आग ने गिरजाघर के अवशेषों को क्षतिग्रस्त कर दिया, जिससे उपेक्षित प्रबंधन उजागर हुआ। दानकर्ता भाग गए; सीटें खाली हो गईं। डिएगो के साथियों ने जीर्णोद्धार पर जोर दिया, लेकिन फातिमा के शब्द - मैथ्यू 23:15 की वीरानी - उसे परेशान करते रहे। वह एक चैपल में युवा प्रार्थना समूह में शामिल हो गया, जिसका नेतृत्व बरिस्ता सोफिया कर रही थी। उनकी उत्कट आराधना ने नुएस्ट्रा सेनोरा की बेजानता को

उजागर किया। डिएगो ने सच्चाई देखी: परंपरा ने विश्वास को दफना दिया था, जिससे न्याय को आमंत्रित किया गया (प्रकाशितवाक्य 2:5)।

4. **अवशेष**

डिएगो ने चौक में जागरण किया। "हमने यीशु को खो दिया है," उसने वहाँ आए 250 लोगों के सामने कबूल किया। उसने धूमधाम की जगह शास्त्र अध्ययन को अपनाया। एक बचे हुए लोग - सोफिया, फातिमा और अन्य - ने पश्चाताप करने के लिए प्रकाशितवाक्य 2:5 के आह्वान को अपनाया। लूका 10:42 ने उनका मार्गदर्शन किया: "बेहतर भाग।" उन्होंने प्रवासियों की सेवा की, पूजा को पुनर्जीवित किया। एक संशयवादी ने विश्वास पाया; एक परिवार ने मेल-मिलाप किया। बचे हुए लोगों ने जीवन की साँस ली, यीशु की उपस्थिति का द्वार खोला।

5. **स्वर्ग की चेतावनी**

नुएस्ट्रा सेनोरा की बर्बादी यूरोप के चर्चों को चेतावनी देती है: यीशु के बिना परंपरा मृत्यु है। प्रकाशितवाक्य 2:5 आग्रह करता है, "पहले जो काम तुम करते थे, वही करो।" मैथ्यू 23:15 बेजान अनुष्ठानों के लिए विनाश की भविष्यवाणी करता है। क्या आप रूप-रंग या आस्था से चिपके रहेंगे? बचे हुए लोग रास्ता दिखाते हैं: जीवित, विनम्र, समर्पित। यीशु के लिए दरवाज़ा खोलो, नहीं तो तुम्हारा दीया गिर जाएगा। संस्था के बजाय अंतरंगता चुनें - अभी।

कहानी 3 6: दक्षिण अमेरिका - शिष्यत्व - जड़ें जो सूख गईं

शास्त्र: लूका 10:38-41, प्रकाशितवाक्य 3:15-16, मत्ती 23:15

1. भ्रम

पेरू के लीमा में, नुएवा विदा चर्च में 7,000 सदस्य हो गए। पादरी कैमिला, एक 38 वर्षीय प्रभावशाली व्यक्ति, ने तत्काल विश्वास का प्रचार किया, सैकड़ों लोगों को न्यूनतम शिक्षण के साथ बपतिस्मा दिया। आकर्षक रिट्रीट और इंस्टाग्राम रील्स ने युवाओं को आकर्षित किया, #NuevaVida ट्रेंड कर रहा था। चर्च के विकास ने इसके आधुनिक हॉल को भर दिया, "विश्वास उपवास" का वादा किया। लेकिन धर्मांतरित लोग भटक गए, बिना किसी मार्गदर्शन के; नेताओं ने प्रचार के लिए गहराई को छोड़ दिया। ल्यूक 10:40 में मार्था की तरह, नुएवा विदा "बहुत सेवा करने से विचलित" था, उथली जड़ें बो रहा था जबकि यीशु ने इसके कांच के दरवाजों पर दस्तक दी, उनकी पुकार जयकारों में डूब गई।

2. द नॉक

बपतिस्मा रैली में, जेवियर नामक एक मिशनरी खड़ा था। "प्रकाशितवाक्य 3:15 कहता है, 'तुम गुनगुने हो,'" उसने चेतावनी दी। "यीशु दस्तक दे रहा है, लेकिन तुम्हारे शॉर्टकट उसे बाहर कर देते हैं!" कैमिला ने उपहास किया, लेकिन उसके शब्द प्रभावित हुए। उस रात, उसने ल्यूक 10:38-41 पढ़ा, "एक बात ज़रूरी है" के विश्वास के साथ।

नुएवा विदा के त्वरित बपतिस्मा ने शिष्यत्व को छोड़ दिया। यीशु ने गहराई की पेशकश की, लेकिन चर्च ने सहजता को चुना। जेवियर की चेतावनी बनी रही, कैमिला ने उसकी दस्तक को महसूस किया।

3. संकट

एक घोटाला सामने आया: अप्रशिक्षित नेताओं ने एक किशोर की लत की अनदेखी की, जिससे त्रासदी हुई। #NuevaVidaFail ट्रेंड हुआ; सदस्य चले गए। कैमिला की टीम ने एक पीआर धुरी की योजना बनाई, लेकिन जेवियर के शब्द - मैथ्यू 23:15 की वीरानी - ने उसे परेशान कर दिया। वह एक नर्स, एलेना के नेतृत्व में एक बैरियो में बाइबिल अध्ययन में शामिल हुई। उनके गहरे विश्वास ने न्यूवा विदा की उथल-पुथल को उजागर किया। कैमिला ने सच्चाई देखी: शॉर्टकट ने एक गुनगुनी फसल उगाई थी, जो थूकने के लिए तैयार थी (प्रकाशितवाक्य 3:16)।

4. अवशेष

कैमिला ने एक प्लाजा में एक स्वीकारोक्ति आयोजित की। "हमने यीशु को निराश किया है," उसने 1,500 लोगों से कहा जो वहाँ रुके थे। उसने त्वरित समाधानों की जगह पर मार्गदर्शन शुरू किया। एक बचे हुए लोग - एलेना, जेवियर और अन्य - ने लूका 10:42 के "बेहतर हिस्से" को अपनाया। उन्होंने युवाओं को शिष्य बनाया, भरोसा बहाल किया। एक पिता को उद्देश्य मिला; एक किशोर ने एक दोस्त को मसीह

के पास पहुँचाया। बचे हुए लोगों ने गहरी जड़ें जमा लीं, यीशु की सच्चाई के लिए दरवाज़ा खोल दिया।

5. स्वर्ग की चेतावनी

नुएवा विदा का पतन चर्चों को शॉर्टकट अपनाने की चेतावनी देता है: गुनगुना विश्वास अस्वीकृति को आमंत्रित करता है (प्रकाशितवाक्य 3:16)। मैथ्यू 23:15 मुरझाई जड़ों के लिए विनाश की भविष्यवाणी करता है। क्या आप जल्दबाजी करेंगे या पोषण करेंगे? बचे हुए लोग रास्ता दिखाते हैं: धैर्यवान, जड़ जमाए हुए, समर्पित। यीशु की गहराई का द्वार खोलें, नहीं तो आपकी फसल मुरझा जाएगी। सहजता के बजाय अंतरंगता चुनें - अभी।

कहानी 37: दक्षिण अमेरिका - शिष्यत्व - मुरझाया हुआ फूल

शास्त्र: लूका 10:38-41, प्रकाशितवाक्य 3:15-16, मत्ती 23:15

1. भ्रम

सैंटियागो, चिली में, इग्लेसिया डे ला लूज चर्च 6,500 सदस्यों के साथ फला-फूला। पादरी डेनिएला, एक वायरल यूट्यूब चैनल के साथ, तत्काल मोक्ष का उपदेश देते हुए, सैकड़ों लोगों को न्यूनतम अनुवर्ती कार्रवाई के साथ बपतिस्मा देते थे। आकर्षक शिविरों और #LuzViva रीलों ने युवाओं को आकर्षित किया, जिससे यह सुंदर अभयारण्य भर गया। चर्च के विकास ने "चार सप्ताह में विश्वास" का वादा किया। लेकिन धर्मांतरित लोग चूक गए, उन्हें कोई मार्गदर्शन नहीं मिला; नेताओं ने गहराई से ज़्यादा प्रचार का पीछा किया। ल्यूक 10:40 में मार्था की तरह, इग्लेसिया डे ला लूज "बहुत सेवा करने में व्यस्त" था, उथले फूल बो रहा था जबकि यीशु उसके कांच के दरवाज़े खटखटा रहे थे, उनकी पुकार जयकारों में डूब गई।

2. द नॉक

बपतिस्मा रैली में, पाब्लो नामक एक मिशनरी खड़ा था। "प्रकाशितवाक्य 3:15 कहता है, 'तुम गुनगुने हो,'" उसने चेतावनी दी। "यीशु दस्तक दे रहा है, लेकिन तुम्हारे शॉर्टकट उसे बाहर कर देते हैं!" डेनिएला ने उपहास किया, लेकिन उसके शब्द प्रभावित हुए। उस रात, उसने लूका 10:38-41 पढ़ा, "एक बात ज़रूरी है" के विश्वास के साथ।

इग्लेसिया डे ला लूज़ के त्वरित बपतिस्मा ने शिष्यत्व को छोड़ दिया। यीशु ने गहराई की पेशकश की, लेकिन चर्च ने सहजता को चुना। पाब्लो की चेतावनी बनी रही, डेनिएला ने उसकी दस्तक को महसूस किया।

3. **संकट**

एक त्रासदी घटी: एक नए धर्मांतरित व्यक्ति की फिर से लत, जिसे अप्रशिक्षित नेताओं ने अनदेखा कर दिया, ने आक्रोश को जन्म दिया। #LuzFalsa ट्रेंड हुआ; सदस्य भाग गए। डेनिएला की टीम ने एक पीआर धुरी की योजना बनाई, लेकिन पाब्लो के शब्द - मैथ्यू 23:15 का "घृणित उजाड़" - उसे परेशान कर रहा था। वह एक झुग्गी में एक शिक्षक, सोफिया के नेतृत्व में एक बाइबिल अध्ययन में शामिल हुई। उनके गहरे विश्वास ने इग्लेसिया डे ला लूज़ की उथल-पुथल को उजागर किया। डेनिएला ने सच्चाई देखी: शॉर्टकट ने एक गुनगुनी फसल उगाई थी, जो थूकने के लिए तैयार थी (प्रकाशितवाक्य 3:16)।

4. **अवशेष**

डेनिएला ने एक प्लाजा में एक स्वीकारोक्ति की। "हमने यीशु को निराश किया है," उसने 1,200 लोगों से कहा जो वहाँ रुके थे। उसने त्वरित समाधान की जगह पर मार्गदर्शन शुरू किया। एक बचे हुए लोग - सोफिया, पाब्लो और अन्य - ने लूका 10:42 के "बेहतर हिस्से" को अपनाया। उन्होंने युवाओं को शिष्य बनाया, भरोसा बहाल किया। एक

माँ ने उद्देश्य पाया; एक किशोर ने एक दोस्त को मसीह के पास पहुँचाया। बचे हुए लोगों ने गहरी जड़ें जमा लीं, यीशु की सच्चाई के लिए दरवाज़ा खोल दिया।

5. **स्वर्ग की चेतावनी**

इग्लेसिया डे ला लूज का पतन चर्चों को शॉर्टकट अपनाने की चेतावनी देता है: गुनगुना विश्वास अस्वीकृति को आमंत्रित करता है (प्रकाशितवाक्य 3:16)। मैथ्यू 23:15 मुरझाए हुए फूलों के लिए उजाड़ की भविष्यवाणी करता है। क्या आप जल्दबाजी करेंगे या पोषण करेंगे? बचे हुए लोग रास्ता दिखाते हैं: धैर्यवान, जड़ जमाए हुए, समर्पित। यीशु की गहराई का द्वार खोलें, नहीं तो आपकी फसल मुरझा जाएगी। सहजता के बजाय अंतरंगता चुनें - अभी।

कहानी 38: ऑस्ट्रेलिया - साधक-अनुकूल - सद्भाव की धुंध

शास्त्र: लूका 10:38-41, प्रकाशितवाक्य 3:15-16, मत्ती 23:15

1. भ्रम

ऑस्ट्रेलिया के पर्थ में, यूनिटी वेव चर्च ने 4,000 सीटों वाले ऑडिटोरियम को भर दिया। 34 वर्षीय पादरी ओवेन, जो एक ट्रेंडिंग पॉडकास्ट के साथ हैं, ने पाप के बोझ को कम करते हुए, अच्छा महसूस कराने वाले संदेश दिए। चर्च के ऐप ने "शांतिपूर्ण भक्ति" की पेशकश की, और इसके लाउंज ने कला मेलों की मेजबानी की। #यूनिटीवेव ने उद्देश्य की चाह रखने वाले युवा साधकों को आकर्षित किया। ओवेन की टैगलाइन, "अपना सामंजस्य खोजें," ने सीटों को भर दिया। लेकिन सत्य को नरम कर दिया गया; पश्चाताप को दरकिनार कर दिया गया। ल्यूक 10:40 में मार्था की तरह, यूनिटी वेव "बहुत सेवा करने से विचलित" थी, साधकों के लिए चमक रही थी जबकि यीशु ने अपने आधुनिक दरवाजों पर दस्तक दी, उसका आह्वान माहौल में खो गया।

2. द नॉक

एक “सद्भाव” सेवा में, मार्गरेट नामक एक बुजुर्ग खड़ी थी। “प्रकाशितवाक्य 3:15 कहता है, ‘तुम गुनगुने हो,’” उसने चेतावनी दी। “यीशु दस्तक दे रहा है, लेकिन तुमने उसे अपील के लिए बाहर कर दिया है!” ओवेन ने ध्यान भटकाया, लेकिन उसके शब्द चुभ गए। उस रात, उसने ल्यूक 10:38-41 पढ़ा, “एक बात ज़रूरी है” के विश्वास के

साथ। यूनिटी वेव के ट्रेंडी उपदेशों में सच्चाई की कमी थी। यीशु ने विश्वास दिलाया, लेकिन समझौते ने दरवाज़ा बंद कर दिया। मार्गरेट की चेतावनी बनी रही, ओवेन ने उसकी दस्तक महसूस की।

3. **संकट**

वायरल एक्सपोज़ ने सतही शिक्षाओं को उजागर किया; अपरिवर्तित जीवन ने सदस्यों को दूर कर दिया। #UnityHaze ट्रेंड हुआ; ऑडिटोरियम खाली हो गया। ओवेन की टीम ने एक रीब्रांड की योजना बनाई, लेकिन मार्गरेट के शब्द - मैथ्यू 23:15 की वीरानी - ने उसे परेशान कर दिया। वह एक सर्फर, लियाम के नेतृत्व में एक बैकरूम में एक प्रार्थना समूह में शामिल हो गया। उनकी साहसी पूजा ने यूनिटी वेव के खालीपन को उजागर कर दिया। ओवेन ने सच्चाई देखी: साधक-अनुकूल समझौते ने एक गुनगुने चर्च को जन्म दिया था, जो बाहर थूकने के लिए तैयार था (प्रकाशितवाक्य 3:16)।

4. **अवशेष**

ओवेन ने एक पार्क में एक स्वीकारोक्ति आयोजित की। "हमने यीशु को खो दिया है," उन्होंने 700 लोगों से कहा जो वहाँ रुके थे। उन्होंने पश्चाताप का उपदेश दिया, सतही घटनाओं को कम किया। एक बचे हुए लोग - लियाम, मार्गरेट और अन्य - ने लूका 10:42 के "बेहतर हिस्से" को अपनाया। उन्होंने बेघर लोगों की सेवा की, सच्चाई को साझा किया। एक संशयवादी ने विश्वास पाया; एक युवा ने आउटरीच

का नेतृत्व किया। बचे हुए लोग ईश्वर के साथ चमके, यीशु की उपस्थिति का द्वार खोला।

5. स्वर्ग की चेतावनी

यूनिटी वेव का पतन साधक-हितैषी चर्चों को चेतावनी देता है: समझौता गुनगुनापन पैदा करता है (प्रकाशितवाक्य 3:16)। मैथ्यू 23:15 कमजोर विश्वास के लिए विनाश की भविष्यवाणी करता है। क्या आप सद्भाव या ईश्वर का पीछा करेंगे? बचे हुए लोग रास्ता दिखाते हैं: सत्यनिष्ठ, उत्साही, समर्पित। यीशु की सच्चाई के लिए दरवाजा खोलें, या बाहर थूक दिए जाएँ। तालियों की गड़गड़ाहट के बजाय अंतरंगता चुनें - अभी।

कहानी 3 9: वैश्विक उत्पीड़न - भूमिगत चर्च - अंधकार में चमक

***शास्त्र: लूका** 10:38-41, **प्रकाशितवाक्य** 2:10, **मत्ती** 23:15*

1. भ्रम

इरीट्रिया के अस्मारा में, एक गुप्त चर्च एक ढहते हुए तहखाने में मिला। पादरी योनास, एक पूर्व क्लर्क, तीस विश्वासियों का नेतृत्व कर रहे थे, उनकी प्रार्थनाएँ गुप्त पुलिस से बचने के लिए धीमी थीं। उन्होंने रोटी बाँटी, पवित्र शास्त्र को याद किया, और धर्मांतरित लोगों को छिपाया। उत्पीड़न ने एकता को बढ़ावा दिया - बाहरी लोगों ने उन्हें उज्ज्वल देखा। लेकिन कुछ लोगों ने गिरफ्तारी के डर से भोजन जमा कर लिया; दूसरों ने विश्वासघात के डर से नए लोगों से दूरी बना ली। ल्यूक 10:40 में मार्था की तरह, वे "बहुत सेवा करने में विचलित थे," बलिदान से बढ़कर जीवित रहना। यीशु ने तहखाने के जाल के दरवाजे पर दस्तक दी, लेकिन डर ने उनकी आवाज़ को दबा दिया।

2. द नॉक

एक शांत बैठक के दौरान, ईडन नामक एक किशोरी ने बात की। "प्रकाशितवाक्य 2:10 कहता है, 'मृत्यु तक विश्वासयोग्य रहो,'" उसने आग्रह किया। "यीशु दस्तक दे रहा है, लेकिन हम उसकी पुकार से छिप रहे हैं!" योनास घबरा गई; ईडन के पिता को जेल हो गई थी। उसकी हिम्मत डगमगा गई। उस रात, योनास ने ल्यूक 10:38-41 पढ़ा, "एक बात ज़रूरी है" का दृढ़ विश्वास रखते हुए। चर्च की सावधानी - संचय,

अलगाव - मार्था के व्याकुलता को दर्शाती है। यीशु ने शुद्धिकरण की पेशकश की, लेकिन डर ने दरवाज़ा बंद कर दिया। योनास ने उसकी दस्तक महसूस की, साहस का आग्रह किया।

3. **संकट**

एक छापा मारा गया, जिसमें विश्वासघात के बाद तहखाने का पर्दाफाश हुआ। एडेन को गिरफ्तार कर लिया गया; कुछ विश्वासी भाग गए, अन्य ने आपूर्ति छिपा दी। योनास को बख्शा गया, लेकिन उसने अपनी कायरता का सामना किया। एडेन की चेतावनी - मैथ्यू 23:15 का उजाड़ - सच साबित हुई। वह एक सुरंग में बचे हुए लोगों के साथ शामिल हो गया, जिसका नेतृत्व एक बेकर, रूथ कर रही थी। उनकी निस्वार्थ प्रार्थनाओं ने चर्च के स्वार्थ को उजागर कर दिया। योनास ने सच्चाई देखी: उत्पीड़न ने एक खोखला विश्वास प्रकट किया था, तहखाने की उदासी आध्यात्मिक बर्बादी का संकेत थी।

4. **अवशेष**

योनास ने बचे हुए लोगों को इकट्ठा किया - रूथ, एडेन (मुक्त), और बारह अन्य। "हमने यीशु को बाहर कर दिया है," उसने कबूल किया। उन्होंने प्रकाशितवाक्य 2:10 का अध्ययन किया, और कीमती वफ़ादारी को अपनाया। बचे हुए लोगों ने पकड़े जाने का जोखिम उठाते हुए पड़ोसियों के साथ खाना साझा किया। लूका 10:42 ने उन्हें प्रेरित किया: "बेहतर हिस्सा।" एक गार्ड ने धर्म परिवर्तन किया; एक परिवार

पूजा में शामिल हुआ। बचे हुए लोगों के साहस ने अंधकार को दूर किया, जिससे यीशु की शक्ति का द्वार खुल गया।

5. स्वर्ग की चेतावनी

तहखाने का परीक्षण भूमिगत चर्चों को चेतावनी देता है: भय विश्वास को धोखा देता है। प्रकाशितवाक्य 2:10 मृत्यु तक विश्वासयोग्य बने रहने का आह्वान करता है। मैथ्यू 23:15 डरपोक दिलों के लिए उजाड़ का संकेत देता है। क्या आप जमा करेंगे या देंगे? बचे हुए लोग रास्ता दिखाते हैं: साहसी, निस्वार्थ, समर्पित। यीशु के मिशन के लिए दरवाज़ा खोलें, नहीं तो उत्पीड़न आपको तोड़ देगा। जीवित रहने के बजाय अंतरंगता चुनें - अभी।

कहानी 4 0: वैश्विक उत्पीड़न - भूमिगत चर्च - धूल में कानाफूसी

शास्त्र: लूका 10:38-41, प्रकाशितवाक्य 2:10, मत्ती 23:15

1. भ्रम

सोमालिया के मोगादिशु में, एक गुप्त चर्च एक खंडहर गोदाम में मिला। पादरी हसन, एक पूर्व मछुआरे, बीस विश्वासियों का नेतृत्व करते थे, उनकी प्रार्थनाएँ मिलिशिया छापों से बचने के लिए फुसफुसाती थीं। उन्होंने तिथियाँ साझा कीं, शास्त्रों को याद किया, और धर्मांतरित लोगों को छिपाया। उत्पीड़न ने उनके बंधन को मजबूत किया - बाहरी लोगों ने उन्हें उज्ज्वल के रूप में देखा। लेकिन कुछ ने हमलों के डर से आपूर्ति जमा कर ली; दूसरों ने विश्वासघात के डर से नए लोगों से दूरी बना ली। ल्यूक 10:40 में मार्था की तरह, वे "बहुत सेवा करने में विचलित थे," जीवित रहने की इच्छा बलिदान को पीछे छोड़ रही थी। यीशु ने गोदाम के टूटे हुए दरवाजे पर दस्तक दी, लेकिन डर ने उनकी आवाज़ को दबा दिया।

2. द नॉक

भोर की सभा के दौरान, अमीना नाम की एक युवा माँ ने बात की। उसने आग्रह किया, "प्रकाशितवाक्य 2:10 कहता है, 'मृत्यु तक वफ़ादार रहो।'" "यीशु दस्तक दे रहा है, लेकिन हम उसकी पुकार से छिप रहे हैं!" हसन ने झिझकते हुए कहा; अमीना के पति की हत्या कर दी गई थी। उसकी हिम्मत डगमगा गई। उस रात, हसन ने लूका 10:38-41 पढ़ा,

"एक बात ज़रूरी है।" चर्च की सावधानी - संचय, अलगाव - मार्था के व्याकुलता को दर्शाती है। यीशु ने शुद्धिकरण की पेशकश की, लेकिन डर ने दरवाज़ा बंद कर दिया। हसन ने उसकी दस्तक महसूस की, साहस का आग्रह किया।

3. संकट

विश्वासघात के बाद गोदाम में छापा मारा गया। अमीना को गिरफ्तार कर लिया गया; कुछ विश्वासी भाग गए, अन्य ने भोजन छिपाया। हसन को बख्शा गया, लेकिन उसने अपनी कायरता का सामना किया। अमीना की चेतावनी-मैथ्यू 23:15 का विनाश-सच साबित हुआ। वह एक सीवर में बचे हुए लोगों के साथ शामिल हो गया, जिसका नेतृत्व एक बढ़ई यूसुफ कर रहा था। उनकी निस्वार्थ प्रार्थनाओं ने चर्च के स्वार्थ को उजागर कर दिया। हसन ने सच्चाई देखी: उत्पीड़न ने एक खोखला विश्वास प्रकट किया था, गोदाम की धूल आध्यात्मिक बर्बादी का संकेत थी।

4. अवशेष

हसन ने बचे हुए लोगों को इकट्ठा किया - यूसुफ, अमीना (मुक्त), और दस अन्य। "हमने यीशु को बाहर कर दिया है," उसने कबूल किया। उन्होंने प्रकाशितवाक्य 2:10 का अध्ययन किया, और कीमती वफ़ादारी को अपनाया। बचे हुए लोगों ने पकड़े जाने का जोखिम उठाते हुए पड़ोसियों के साथ पानी साझा किया। लूका 10:42 ने उन्हें प्रेरित किया: "बेहतर हिस्सा।" एक मिलिशिया सदस्य ने धर्म परिवर्तन किया; एक

बच्चा पूजा में शामिल हुआ। बचे हुए लोगों के साहस ने धूल को जलाया, जिससे यीशु की शक्ति का द्वार खुल गया।

5. स्वर्ग की चेतावनी

गोदाम का परीक्षण भूमिगत चर्चों को चेतावनी देता है: भय विश्वास को धोखा देता है। प्रकाशितवाक्य 2:10 मृत्यु तक विश्वासयोग्य बने रहने का आह्वान करता है। मत्ती 23:15 डरपोक दिलों के लिए उजाड़ का संकेत देता है। क्या आप जमा करेंगे या देंगे? बचे हुए लोग रास्ता दिखाते हैं: साहसी, निस्वार्थ, समर्पित। यीशु के मिशन के लिए दरवाज़ा खोलें, नहीं तो उत्पीड़न आपको तोड़ देगा। जीवित रहने के बजाय अंतरंगता चुनें - अभी।

निष्कर्ष: दरवाज़ा अभी भी इंतज़ार कर रहा है

अंतिम कहानी फीकी पड़ जाती है...
लेकिन **दस्तक तेज होती जाती है** ।

यीशु अभी भी वैश्विक चर्च के द्वार पर खड़ा है।
उसकी आवाज़ शोर को चीरती हुई, अत्यावश्यक और अटल है:

"मैं यहाँ हूँ! मैं द्वार पर खड़ा हुआ खटखटाता हूँ..."
- प्रकाशितवाक्य 3:20

आपने महाद्वीपों से 40 दिल को झकझोर देने वाली कहानियों की यात्रा की है - सच्चाई, आग और चेतावनी से भरी कहानियाँ। नैरोबी के सामूहिक धर्मयुद्धों से लेकर अंटार्कटिका की अलग-थलग चौकियों तक, लागोस से लेकर अलेप्पो तक, गिरजाघरों से लेकर तहखानों तक - हर कहानी ने एक गंभीर सच्चाई को उजागर किया है:

- **अति-विकास की** चमक
- **झूठे पुनरुत्थान में** लालच
- **बेजान परंपरा की** जंजीरें
- **उथली शिष्यता की** नाजुकता
- **साधक-मित्रता का** कोहरा
- **सताए गए साथियों में भय व्याप्त** है

प्रत्येक ने एक पैटर्न का पालन किया:

भ्रम. दस्तक. संकट. अवशेष. स्वर्ग की चेतावनी.

हर कोई फुसफुसाया - या चिल्लाया - एक ही सत्य:
यीशु अपनी कलीसिया को अपने पास वापस बुला रहा है।

मार्था चर्च को चुनना होगा

मार्था की छवि से रूबरू कराता है , जो अपने सभी कामों में व्यस्त थी, जबकि **मरियम ने** "बेहतर हिस्सा" चुना था - यीशु के चरणों में बैठना।

क्या हम, एक वैश्विक कलीसिया के रूप में, अभी भी मार्था की भूमिका निभा रहे हैं?

- क्या आप सेवाओं को बढ़ा रहे हैं लेकिन **उद्धारकर्ता को भूल रहे हैं** ?
- मंचों का निर्माण तो किया गया लेकिन **उपस्थिति की उपेक्षा की गई** ?
- भीड़, नकदी और सामग्री पर ध्यान केंद्रित करना - फिर भी **मसीह से दूर** ?

मत्ती 23:15 में एक दिव्य विलाप प्रतिध्वनित होता है:

"धिक्कार है तुम पर... तुम एक भी धर्म परिवर्तन करने के लिए जमीन और समुद्र पार यात्रा करते हो, और जब तुम सफल हो जाते हो, तो तुम उन्हें अपने से दुगना नरक का बच्चा बना देते हो।"

हमने निर्णय लिए हैं, शिष्य नहीं।
हमने धर्म को जन्म दिया है, संबंध को नहीं। और अब स्वर्ग की आवाज़ गूँजती है:

“तूने अपना पहला सा प्रेम त्याग दिया है।”
- प्रकाशितवाक्य 2:4
“इसलिए कि तू गुनगुना है... मैं तुझे उगल दूँगा।”
- प्रकाशितवाक्य 3:16

लेकिन आशा है.

“प्राण देने तक विश्वासयोग्य रह, तो मैं तुझे जीवन का मुकुट दूंगा।”
—प्रकाशितवाक्य 2:10

एक वैश्विक संकट। एक अवशिष्ट प्रतिक्रिया।

एक चौराहे पर स्थित चर्च को दर्शाता है :

- **लागोस** में महत्वाकांक्षा बनती है, लेकिन टूटती भी है - फिर भी एक अवशेष प्रार्थना करता रहता है।
- **अक्करा** में , लालच खा जाता है - फिर भी पश्चाताप चंगा करता है।
- **अस्मारा** में , भय शांत हो जाता है - फिर भी साहस बढ़ता है।
- **ह्यूस्टन** में मनोरंजन प्रचुर मात्रा में है - फिर भी भूख बढ़ती रहती है।
- **पर्थ** में , समझौता सत्य को ढक देता है - फिर भी पूजा बढ़ती है।
- **सैंटियागो** में , जल्दबाजी गहराई में बाधा डालती है - फिर भी शिक्षण पुनर्स्थापित करता है।
- **अलेप्पो** में , उत्पीड़न साहस को जला देता है - फिर भी मसीह की महिमा होती है।

उत्तरी अमेरिका **छवि से भरा हुआ है** ।
अफ्रीका **आग और मांस के बीच नाच रहा है** ।
यूरोप **कर्मकांड के पीछे छिपता है** ।
एशिया **दबाव में कराहता है** ।
दक्षिण अमेरिका **भावनाओं से जलता है** लेकिन उसमें गहराई की कमी है।
ऑस्ट्रेलिया **दृढ़ विश्वास से सिकुड़ता है** ।
और सताए गए चर्च खून बहाते हैं लेकिन चमकते हैं।

फिर भी हर जगह, कुछ **लोग** बचे हुए हैं - विनम्र, समर्पित, जागृत।
और फिर भी, **यीशु दस्तक देता है।**

अब निर्णय है

यह किताब मनोरंजन नहीं है।
यह एक मशाल है - उपदेश-पीठों, प्रार्थना-कक्षों और दिलों में आग लगाने का आह्वान।

"मन फिराओ, नहीं तो मैं तुम्हारा दीवट उतार दूँगा।"
—प्रकाशितवाक्य 2:5

क्या हम तब तक इंतज़ार करेंगे जब तक वह चला नहीं जाता?
या फिर हम दरवाज़ा बंद होने से पहले ही उसे खोल देंगे?

कार्यवाई के लिए बुलावा

चर्च, यह क्षण तुम्हारा है।
दस्तक वास्तविक है। आग निकट है।

पादरीगण , सत्य की ओर लौटो - भय से नहीं, बल्कि आग से प्रचार करो।
नेताओ , गहराई से शिष्य बनो - बिना जड़ों के धर्मांतरण करना बंद करो।
विश्वासियो , अपनी वेदिका को पुनः प्रज्वलित करो - उत्साहपूर्वक प्रार्थना करो, निर्भीकता से जियो, प्रचंड प्रेम करो।
सताए गए संतों , सहन करो। तुम स्वर्ग का मुकुट पहनते हो।

"दरवाज़ा खोलो!"
— प्रकाशितवाक्य 3:20
"बेहतर भाग को चुनो!"
— लूका 10:42

अभी उपवास करो।
कल की घोषणा करो। हमेशा चमकते रहो।

ये 40 कहानियाँ महज कहानियाँ नहीं हैं।
ये **एक तुरही की ध्वनि हैं** ।

दुनिया इंतज़ार कर रही है।
राजा दहलीज़ पर है। अवशेष बढ़ रहे हैं।

क्या आप दरवाज़ा खोलेंगे?

दोबारा जन्म कैसे लें और मसीह के साथ नया जीवन कैसे शुरू करें

हो सकता है कि आप पहले भी यीशु के साथ चल चुके हों, या हो सकता है कि आप इन 40 दिनों में उनसे मिले हों। लेकिन अभी, आपके अंदर कुछ हलचल हो रही है।

आप धर्म से ज़्यादा के लिए तैयार हैं।
आप **रिश्ते के लिए तैयार हैं** ।
आप यह कहने के लिए तैयार हैं, "यीशु, मुझे आपकी ज़रूरत है।"

सच्चाई यह है:

"क्योंकि सब ने पाप किया है; हम सब परमेश्वर की महिमा के मापदण्ड से रहित हैं... तौभी परमेश्वर अपने अनुग्रह से हमें अपने सम्मुख धर्मी ठहराता है।"
- रोमियों 3:23–24 (एनएलटी)

आप मुक्ति नहीं कमा सकते।
आप खुद को ठीक नहीं कर सकते। लेकिन यीशु ने पहले ही पूरी कीमत चुका दी है - और वह आपका घर में स्वागत करने के लिए इंतज़ार कर रहा है।

दोबारा जन्म कैसे लें

नये सिरे से जन्म लेने का अर्थ है अपने जीवन को यीशु को समर्पित करना - उसकी क्षमा को स्वीकार करना, यह विश्वास करना कि वह मरा और फिर से जी उठा, और उसे अपने प्रभु और उद्धारकर्ता के रूप में स्वीकार करना।

यह सरल है। यह शक्तिशाली है। यह सब कुछ बदल देता है।

ज़ोर से प्रार्थना करें:

"प्रभु यीशु, मैं विश्वास करता हूँ कि आप परमेश्वर के पुत्र हैं।
मेरा मानना है कि आप मेरे पापों के लिए मरे और फिर से जी उठे।
मैं स्वीकार करता हूँ कि मैंने पाप किया है और मुझे आपकी क्षमा की आवश्यकता है।
आज, मैं पश्चाताप करता हूँ और अपने पुराने तरीकों से फिरता हूँ।
मैं आपको अपने जीवन में आमंत्रित करता हूँ ताकि आप मेरे प्रभु और उद्धारकर्ता बन सकें।
मुझे धोकर साफ़ करें। मुझे अपनी आत्मा से भरें।
मैं घोषणा करता हूँ कि मैं फिर से जन्मा हूँ, क्षमा किया गया हूँ और मुक्त हूँ।
आज के दिन से, मैं आपका अनुसरण करूँगा —
और मैं आपके कदमों पर जीऊँगा।
मुझे बचाने के लिए आपका धन्यवाद। यीशु के नाम में, आमीन।"

उद्धार के बाद अगले कदम

1. **किसी को बताएं** – अपने निर्णय को उस विश्वासी के साथ साझा करें जिस पर आप भरोसा करते हैं।
2. **बाइबल-आधारित चर्च खोजें - ऐसे समुदाय से जुड़ें जो परमेश्वर के वचन को सिखाता है और उस पर चलता है।** https://www.otakada.org या

https://chat.whatsapp.com/H67spSun32DDTma8TLh0ov के ज़रिए ऑनलाइन गॉड्स ईगल मंत्रालयों पर जाएँ

3. **बपतिस्मा लें** – अपने विश्वास की घोषणा करने के लिए सार्वजनिक रूप से अगला कदम उठाएँ।
4. **प्रतिदिन बाइबल पढ़ें** – यूहन्ना के सुसमाचार से शुरू करें।
5. **प्रतिदिन प्रार्थना करें** – परमेश्वर से मित्र और पिता के रूप में बात करें।
6. **जुड़े रहें** - अपने आसपास ऐसे लोगों को रखें जो आपकी नई राह को प्रोत्साहित करते हैं।
7. **समुदाय के भीतर शिष्यत्व प्रक्रिया शुरू करें** – इन लिंक के माध्यम से यीशु मसीह के साथ व्यक्तिगत संबंध विकसित करें

40-दिवसीय शिष्यत्व 1 - https://www.otakada.org/get-free-40-days-online-discipleship-course-in-a-journey-with-jesus/

40 शिष्यत्व 2 - https://www.otakada.org/get-free-40-days-dna-of-discipleship-journey-with-jesus-series-2/

मेरी मुक्ति का क्षण

तारीख : ______________________

हस्ताक्षर : ____________________

"यदि कोई मसीह में है तो वह नई सृष्टि है; पुरानी बातें बीत गई हैं; देखो, सब बातें नई हो गई हैं।"
—2 कुरिन्थियों 5:17

मसीह में नए जीवन का प्रमाण पत्र

उद्धार की घोषणा– अनुग्रह द्वारा दोबारा जन्म

यह प्रमाणित करता है कि

____

(पूरा नाम)

यीशु मसीह पर प्रभु और उद्धारकर्ता के रूप में
सार्वजनिक रूप से विश्वास व्यक्त किया है और उसकी मृत्यु और पुनरुत्थान के माध्यम से उद्धार का मुफ्त उपहार प्राप्त किया है।

"यदि तुम खुले तौर पर घोषणा करो कि यीशु प्रभु है और अपने दिल में विश्वास करो कि परमेश्वर ने उसे मृतकों में से जीवित किया है, तो तुम बच जाओगे।"
- रोमियों 10: 9 (एनएलटी)

इस दिन स्वर्ग आनन्दित होता है और एक नई यात्रा शुरू होती है।

निर्णय की तिथि : ____________________________

हस्ताक्षर : ___________________________________

मुक्ति घोषणा

"आज, मैं अपना जीवन यीशु मसीह को समर्पित करता हूँ।
मेरा मानना है कि वह मेरे पापों के लिए मरा और फिर से जी उठा। मैं

उसे अपने प्रभु और उद्धारकर्ता के रूप में स्वीकार करता हूँ। मुझे क्षमा कर दिया गया है, मेरा पुनर्जन्म हुआ है, और मैं नया बना हूँ। इस क्षण से आगे, मैं उसके पदचिन्हों पर चलूँगा।"

वेलकम टू द फैमिली ऑफ गॉड!

आपका नाम मेम्ने की जीवन की पुस्तक में लिखा गया है।
आपकी कहानी अभी शुरू ही हुई है - और यह अनंत है।

लेखक द्वारा प्रकाशित अन्य पुस्तकें

प्रेम, चयन और **संपूर्ण** : अस्वीकृति से पुनर्स्थापना तक की 30 दिवसीय यात्रा का विश्व की 40 भाषाओं में अनुवाद

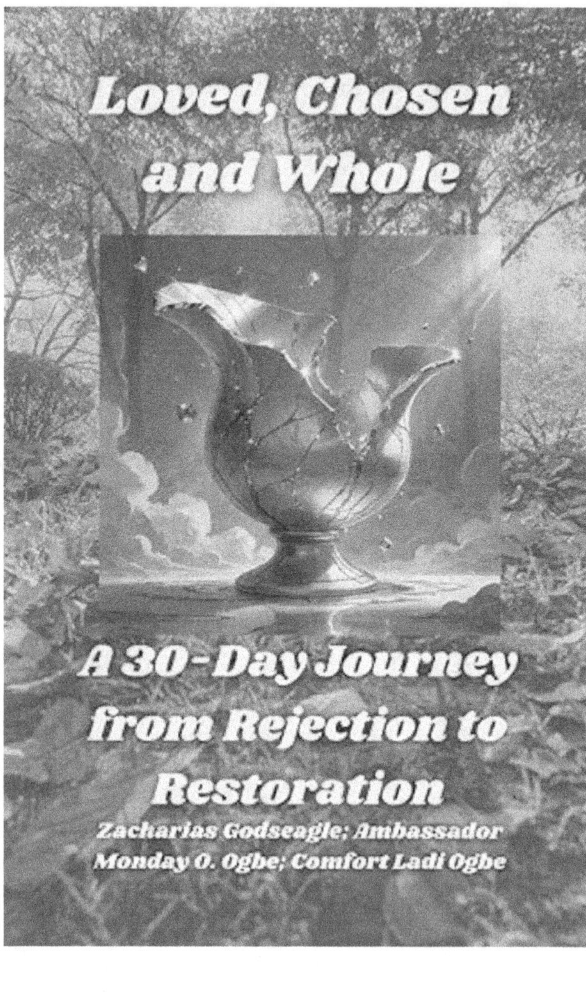

https://www.amazon.com/Loved-Chosen-Whole-Rejection-Restoration-ebook/dp/B0F9VSD8WL

https://www.amazon.com/stores/Ambassador-Monday-O.-Ogbe/author/B07MSBPFNX पर देखी जा सकती हैं

उनके कदमों में - 40-दिवसीय WWJD चुनौती:
दुनिया भर में वास्तविक जीवन की कहानियों में यीशु की तरह जीना

https://www.amazon.com/His-Steps-Challenge-Real-Life-Stories-ebook/dp/B0FCYTL5MG

www.ingramcontent.com/pod-product-compliance
Lightning Source LLC
LaVergne TN
LVHW051015051026
849532LV00004BA/1226

* 9 7 9 8 3 4 9 5 0 6 6 5 9 *